编委会

梦想系列丛书

丛书主编：庞仿英

玩转数学

许文广　主　编

王春峰　副主编

ZHEJIANG UNIVERSITY PRESS

浙江大学出版社

序

2015年9月，浙江省教育厅发布《关于建设义务教育拓展性课程的指导意见》（浙教办〔2015〕78号），明确义务教育学校课程分为基础性课程和拓展性课程两大类。基础性课程是指国家和地方课程标准规定的统一的学习内容，旨在培养学生的全面基础素养；拓展性课程是指学校提供给学生自主选择的学习内容，旨在培育学生的兴趣特长。

随着拓展性课程的实施，浙江省各中小学校掀起了拓展性课程开发与实施的热潮。杭州师范大学附属仓前实验中学从拓展性课程的功能定位、培养目标等方面探索开发拓展性课程内容，建构拓展性课程管理与评价体系，形成了具有本校特色的课程。

数学是思维的体操，是人们探索生活问题和自然规律的基础工具。数学教学在学校教育中有着十分重要的意义和价值。但当前的数学教学还存在着"长于智，满于量，疏于能"的现状，在教学中具体表现为：重基础，缺发展；重模仿，缺学习力；重验证，缺猜想；重训练，缺思考。因此，如何从根本上提升学生的数学核心素养，使知识体系和能力要求有效融合，是数学教学改革的重点。

《玩转数学》是仓前实验中学自主开发的数学拓展性课程教材。它基于仓前实验中学的办学理念和学校"梦想课程"课程体系而设计，旨在启发教师在引导学生探索学习过程中，不断优化教学内容和教学方式，让学生真正感受到数学与生活的密切联系；通过改变学生的学习方式，提高学生的学习兴趣、综合素质以及数学学习能力；通过数学拓展性课程的学习，增强学生数学学习的自主性，让兴趣和成就感成为学生攀登数学高峰的最好动力！《玩转数学》共分为三篇：生活应用篇、游戏实验篇、数学思想方法探索篇。具有如下两个特点：

1. 开放性与自主性相结合

《玩转数学》体现"学为中心"的教育理念，有助于教师参与课程资源的开发活动，为教师和学生提供了多种可参考的探究方式，也鼓励教师和学生根据实际需要进行个性化的研究，引导学生主动思考，自主学习。

2. 过程性与探究性相结合

《玩转数学》重视过程与方法，鼓励学生合作探究，课程中安排了不少合作探究活动，鼓励学生自主讨论，大胆猜想，以发展学生的合作探究能力和动手操作能力。

自 2011 年杭州师范大学与仓前实验中学合作以来，我作为仓前实验中学数学组的理论导师，参与了数学组的研讨活动，也参与了编写本书的多次讨论与实践，见证了仓前实验中学数学组的成长与壮大，期待本书的出版能对数学拓展性课程的开发与实施起到积极的推动作用。

叶立军

于杭州师范大学

2021 年 5 月 20 日

目录
Contents

数学思想方法探索篇

生活应用篇

1.1　一元一次方程的应用：怎样购物花钱少？

大型商场里，商家为了提高销售额总是采取让利打折、送优惠券等促销方式，其中分段打折是常用的手段，这里讨论与分段打折有关的生活问题，帮助大家在以后的生活中以更优惠的价格购物。

学习目标

◎ 通过研究分段打折问题，进一步理解建立方程的一般方法。
◎ 掌握用一元一次方程解决分段打折的实际问题的一般步骤和操作方法。

进度建议

在学习浙教版数学七年级上册"第5章　一元一次方程"后研究这个课题。

实际问题

8月9日，某商场隆重开业，为了吸引顾客消费，提高营业额，在开业期间，商场推出如表1-1-1所示的优惠方案。

表1-1-1　某商场推出的优惠方案

购物款	优惠政策
不超过200元	不享受优惠
超过200元，但不超过600元	一律享受九折优惠
超过600元	一律享受八折优惠

欢欢的妈妈在该商场购物两次，实际付款分别为168元、504元。如果欢欢的妈妈一次性购买这些商品，则实际应付款多少元？

❓ 思 考

(1)在给定的优惠方案中可获得哪些信息？

(2)购物款在哪个段内没有优惠？在哪个段内有优惠？优惠的力度一样吗？

🔓 问题解决

从优惠方案中可以知道，购物款金额不同，优惠的力度也不一样，具体如下：

当购物款≤200元时，没有优惠；

当200元＜购物款≤600元时，一律享受9折优惠；

当购物款＞600元时，一律享受8折优惠。

解：$200×0.9=180$（元），$600×0.9=540$（元），$600×0.8=480$（元）

当付款超过180元但不超过200元时，可能不享受优惠，也可能享受9折优惠；当付款超过480元但不超过540元时，可能享受9折优惠，也可能享受8折优惠。

因为$168<180$，所以第一次购物没有打折，实际购物价值为168元。

因为$480<504<540$，所以第二次购物可能打9折，也可能打8折，分两种情况讨论：

(1) 优惠前的购物款超过200元但不超过600元时，设第二次实际购物价值为x元，由题意得，$0.9x=504$，解得$x=560$。

(2) 优惠前的购物款超过600元时，设第二次实际购物价值为x元，由题意得，$0.8x=504$，解得$x=630$。

因此，第二次实际购物价值是560元或630元。

由此可知，欢欢的妈妈两次购物总的实际价值为

$168+560=728$（元）

或$168+630=798$（元）

即优惠前的购物款超过了600元,如果一次性购买,则应付款:

$728×0.8＝582.4$(元)

或$798×0.8＝638.4$(元)

答:欢欢的妈妈一次性购买应付款582.4元或638.4元。

归 纳

解决分段打折的实际问题,一般需要以下四个步骤:

(1)理解题意,明确各分段打折的购物款的范围和打折情况。

(2)制定计划,当付款金额在某一范围时要进行分类讨论,并找到列方程的依据。

(3)执行计划,分情况讨论,设未知数,列方程,解方程;根据所得的解对应打折范围,进行计算。

(4)回顾,检查所得解是否符合题意和实际情况。

例题解析

例1-1-1 国家规定个人发表文章、出版图书所得稿费的纳税计算方法如表1-1-2所示。

表1-1-2 稿费的纳税计算方法

稿费	纳税计算方法
不高于800元	不纳税
高于800元,但低于4000元	超过800元的那部分稿费的14%的税
不低于4000元	全部稿费的11.2%的税

有3位老师参加某书的编写,稿费情况如下:

(1)王老师获得的稿费为2400元,则应纳税多少元?

(2)李老师获得的稿费为4000元,则应纳税多少元?

(3)张老师获稿费后纳税420元,则张老师获得多少元稿费?

(1)2400元的稿费在交税时应该如何分段？4000元呢？

(2)若已知纳税额，如何判断稿费在哪个范围之内？

解：（1）当稿费为2400元时，因为800＜2400＜4000，所以应纳税的稿费是2400－800＝1600元，应纳税：

（2400－800）×14％＝1600×14％＝224（元）

即王老师应纳税224元。

（2）当稿费为4000元时，应纳税

4000×11.2％＝448（元）

即李老师应纳税448元。

（3）当稿费为4000元时，应纳税448元，这里张老师纳税420元，说明他的稿费是低于4000元的，同时是高于800元的。设这笔稿费为x元，根据题意得：

（x－800）×14％＝420

解得 x＝3800

即张老师获得的稿费是3800元。

解决这个问题，关键在于"理解题意"这个步骤，要注意理清：

(1)稿费的免税范围，以及不同范围的稿费应纳税的税率也不同。

(2)根据纳税的金额要先确定稿费范围再设未知数解题。

例1-1-2　某市居民用电收费标准有两种。

普通电价：全天电价为0.53元/（千瓦·时）。

峰谷电价：峰时(8:00—22:00)电价为0.57元/（千瓦·时）；谷时(22:00—8:00)电价分为三级，见表1-1-3。

表1-1-3 某市居民用电谷时收费标准

谷时用电量	谷时电价
第一级：50千瓦·时及以下的部分	0.29元/（千瓦·时）
第二级：超过50千瓦·时，但不超过200千瓦·时	超过部分的电价为0.32元/（千瓦·时）
第三级：超过200千瓦·时	超过部分的电价为0.39元/（千瓦·时）

(1)小明家使用的是峰谷电，上个月总用电量为250千瓦·时，其中峰时用电量为100千瓦·时，问小明家上个月应付的电费是多少元？与普通电价相比，是便宜了还是贵了？

(2)若小明家某个月的峰时用电量为100千瓦·时，谷时用电量为m千瓦·时($100 < m < 200$)，请用含m的代数式表示小明家该月应交的电费。

(3)若小明家某个月的电费为215.5元，其中峰时用电量为200千瓦·时，问该月小明家的总用电量是多少千瓦·时？

想一想

(1)峰谷电的总电费是如何计算的？
(2)已知总电费如何判断谷时用电量在哪个范围内？

解：(1) $100 \times 0.57 + 50 \times 0.29 + 100 \times 0.32 = 103.5$（元）

$250 \times 0.53 = 132.5$（元）> 103.5（元）

所以小明家上月应付的电费为103.5元，与普通电价相比较便宜了。

(2) $100 \times 0.57 + 50 \times 0.29 + （m - 50） \times 0.32$

$= 0.32m + 55.5$（元）

所以小明家该月应交电费（$0.32m + 55.5$）元。

(3) $215.5 - 200 \times 0.57 = 101.5$（元）

设谷时用电量为x千瓦·时，

因为$50 \times 0.29 + （200 - 50） \times 0.32 = 62.5$元$< 101.5$元，

所以 $x > 200$

故有：$62.5 + (x - 200) \times 0.39 = 101.5$

解得：$x = 300$

$300 + 200 = 500$（千瓦·时）

所以该月小明家的总用电量为500千瓦·时。

方法提炼

在已知电费求用电量时，首先要确定用电量所在的范围。那么应该如何确定呢？在例题中我们发现，可以通过计算每一段的最大值所对应的电费与实际电费相比较来确定范围。

练习与思考

1.某地为了鼓励城区居民节约用水，实行阶梯计价。规定用水收费标准如下：

①每户每月的用水量不超过20吨时，水费为2元/吨；超过20吨时，不超过部分仍为2元/吨，超过部分为 a 元/吨。

②收取污水处理费0.80元/吨。

(1)若A用户四月份用水15吨，应缴水费_____元；

(2)若B用户五月份用水30吨，缴水费94元，求 a 的值；

(3)在(2)的条件下，若C用户某月共缴水费151元，求该用户该月的用水量。

2.为了鼓励居民节约用水，某市自来水公司对每户每月用水量进行计费，每户每月用水量在规定吨数以下的收费标准相同，在规定吨数以上的超过部分的收费标准相同。表1-1-4中是乐乐家1至5月份用水量和缴费情况。

表1-1-4　乐乐家1—5月用水量和缴费情况

月份	用水量／吨	费用／元
1月	8	16
2月	10	20
3月	11	23
4月	15	35
5月	18	44

根据表格中提供的信息，回答以下问题：

(1)求出规定吨数和两种收费标准。

(2)若乐乐家6月份用水20吨，则应缴水费多少元？

(3)若乐乐家7月份缴水费29元，则乐乐家7月份用水多少吨？

3.按我国过去实施的个人所得税的规定，个人月工资(薪金)中，扣除国家规定的免税部分3500元后的剩余部分为应纳税所得额。全月应纳税所得额不超过1500元的税率为3%。超过1500元至4500元部分的税率为10%。

(1)若每月工资4500元，则每月应纳税所得额为多少元？应缴多少个人所得税？

(2)每月工资为 x 元，且 $5000 < x \leqslant 8000$，用 x 的代数式表示应纳个人所得税。

(3)小明妈妈每月缴纳个人所得税95元，她每月的工资是多少？

(4)查阅我国目前实施的个人所得税的规定,思考上述问题。

1.2 认识不定方程：这钱该怎么收？

不定方程(组)有悠久的历史，它的发展与整数密切相关，古今中外不少杰出的数学家都对它进行过探讨。不定方程(组)是指未知数的个数多于方程的个数的方程(组)，其特点是它的解一般有无穷多个，不能唯一确定，但是在某些特殊情况下可以有有限个解，如整数解、自然数解，或者在某一范围内的解等。

学习目标

◎ 进一步体会当未知数的个数多于方程（组）个数时，方程（组）解的不确定性。

◎ 通过对实际问题的研究，进一步理解和掌握建立方程的一般方法。

◎ 了解和掌握在实际问题中解不定方程（组）的一般步骤。

进度建议

在学习浙教版数学七年级下册"第 2 章 二元一次方程组"后研究这个课题。

实际问题

在体育器材店里，当顾客取出一叠面额为 50 元的纸币计划买 3 副单价为 90 元的羽毛球拍，而商家只有面额为 20 元的纸币时，请问我们该如何解决呢？或许借助不定方程我们可以找到答案。

思 考

(1)该问题可以转化为怎样的数学问题?

(2)问题中有哪些隐含条件?

(3)能用学过的数学知识解决吗?

问题解决

解:设收营员收了 x 张 50 元纸币,找给顾客 y 张 20 元纸币。

由题意得:$50x - 20y = 3 \times 90$,即

$$5x = 27 + 2y, x = \frac{27 + 2y}{5} = 5 + \frac{2(1+y)}{5}。$$

x, y 均为正整数,设 $1 + y = 5t$(t 为整数),即 $\begin{cases} x = 5 + 2t \\ y = 5t - 1 \end{cases}$($t$ 为整数)。

当 $t = 1$ 时,方程的解为 $\begin{cases} x = 7 \\ y = 4 \end{cases}$;当 $t = 2$ 时,方程的解为 $\begin{cases} x = 9 \\ y = 9 \end{cases}$;当 $t = 3$ 时,方程的解为 $\begin{cases} x = 11 \\ y = 14 \end{cases}$。

答:可以收入 7 张 50 元,找出 4 张 20 元;或者收入 9 张 50 元,找出 9 张 20 元;或者收入 11 张 50 元,找出 14 张 20 元。

归 纳

不定方程的解指的是使不定方程两边的值相等的一对未知数的值。例如,方程 $5x - 2y = 270$ 若有整数解,一般都有无穷多个。我们常引入整数 t 来表示不定方程的通解(即所有的解),其中 t 叫作参变数。通常可用以下两种方法求不定方程的通解:(1)整除法;(2)公式法。前面的问题就是用整除法解决的。

例题解析

例 1-2-1 求下列方程的正整数解：

(1)$5x+2y=40$ (2)$4x-3y=12$

解：(1)$y=\dfrac{40-5x}{2}=20-\dfrac{5x}{2}$

因为 y 为正整数，所以 x 为 2 的整数倍

设 $x=2k(k$ 为整数)，则 $y=20-5k$，故

方程的通解为 $\begin{cases}x=2k\\y=20-5k\end{cases}(k$ 为整数)

由 $\begin{cases}x>0\\y>0\end{cases}$ 得，

$\begin{cases}2k>0\\20-5k>0\end{cases}$

解得 $0<k<4$

当 $k=1$ 时，方程的解为 $\begin{cases}x=2\\y=15\end{cases}$；当 $k=2$ 时，方程的解为 $\begin{cases}x=4\\y=10\end{cases}$；当

$k=3$ 时，方程组解为 $\begin{cases}x=6\\y=5\end{cases}$。

(2)$x=\dfrac{12+3y}{4}=3+\dfrac{3}{4}y$

因为 x 为正整数，所以 y 为 4 的整数倍

设 $y=4k(k$ 为整数)，则 $x=3+3k$，故

方程的通解为 $\begin{cases}x=3+3k\\y=4k\end{cases}(k$ 为整数)

由 $\begin{cases}x>0\\y>0\end{cases}$ 得，

$\begin{cases}3+3k>0\\4k>0\end{cases}$

解得 $k>0$

当 $k=1$ 时，方程的解为 $\begin{cases}x=6\\y=4\end{cases}$；当 $k=2$ 时，方程的解为 $\begin{cases}x=9\\y=8\end{cases}$；

当 $k=3$ 时，方程的解为 $\begin{cases}x=12\\y=12\end{cases}$……

该方程有无数个正整数解。

(1)本题利用整除法解决，其中整除法的步骤为：

①将二元一次方程转化为用一个未知数表示另一个未知数的形式；

②由于条件 x,y 均是整数，将 x（或 y）用参变量 t 表示；

③用 t 表示方程的解；

④确定 t 的取值范围，从而得到特殊情况下方程的解的具体情况。

(2)在对方程 $ax+by=c$ 进行转化前可先判断用哪个未知数来表示另一个未知数比较合适，根据计算经验可以用系数绝对值大的未知数表示系数绝对值小的未知数。

例1-2-2 我国古代数学家张邱建所著《算经》中有著名的"百钱买百鸡"问题，大致意思是：阉鸡5枚钱一只，母鸡3枚钱一只，小鸡1枚钱三只。如果有人要花100枚钱购买100只鸡，问阉鸡、母鸡、小鸡各几只？（本例仅考虑100只鸡中三种鸡都有的情况）

(1)问题中要确定的量有几个？

(2)所给的条件有几个？

(3)除了这些条件外对所求的量还有哪些隐含条件？

解：设阉鸡、母鸡、小鸡分别为 x，y，z 只。

由题意得：$\begin{cases} x+y+z=100 & ① \\ 5x+3y+\frac{1}{3}z=100 & ② \end{cases}$

②×3−①得，$14x+8y=200$，即 $7x+4y=100$，化简得：$y=25-\dfrac{7x}{4}$

y 表示母鸡的只数，它一定是正整数，那么 x 一定是4的倍数。

设 $x=4t$（t 为整数），则 $y=25-7t$，代入①得 $z=75+3t$（t 为整数）

由 $x>0$，$y>0$，$z>0$ 得 $\begin{cases} 4t>0 \\ 25-7t>0 \\ 75+3t>0 \end{cases}$

解得 $0<t<3\dfrac{4}{7}$

t 是整数，故 t 只能取 $1,2,3$。

当 $t=1$ 时，得 $\begin{cases} x=4 \\ y=18 \\ z=78 \end{cases}$；当 $t=2$ 时，得 $\begin{cases} x=8 \\ y=11 \\ z=81 \end{cases}$；

当 $t=3$ 时，得 $\begin{cases} x=12 \\ y=4 \\ z=84 \end{cases}$。

答：可以买 4 只阉鸡，18 只母鸡，78 只小鸡；或者 8 只阉鸡，11 只母鸡，81 只小鸡；或者 12 只阉鸡，4 只母鸡，84 只小鸡。

方法提炼

在求三元一次不定方程组时，可以先进行消元将方程组转化为二元一次方程，然后利用 x,y,z 为正整数的条件求出方程组的解。

练习与思考

1. 求方程 $5x+3y=50$ 的正整数解。

2.小王开车在高速公路上行驶，他看到里程碑上的数是一个两位数，一小时后看到里程碑上的数恰好是第一次看到的数个位和十位相交换的两位数，又过了一个小时，他第三次看到的里程碑上的数恰好是第一次的两位中间插了个0的三位数，问小王的车速是多少？

3.希望中学收到王老师捐赠的足球、篮球、排球共20个，其总价值为330元，这三种球的价格分别为足球60元/个，篮球30元/个，排球10元/个，问篮球有多少个？

1.3 分式大小比较：怎样漂洗衣服更干净？

衣服漂洗是我们现实生活中必不可少的家务。如果在规定质量的水的基础上，我们先把水平均分成2或3份，然后依次漂洗，仔细观察，可以发现这样漂洗的衣服比直接放在同质量的水中漂洗一次干净得多，这是为什么呢？或许我们可以用所学的分式知识加以解释。

学习目标

◎ 探究将生活问题转化为数学问题的过程，掌握将生活问题转化为数学问题的一般方法。
◎ 掌握用加减法进行分式大小比较。
◎ 探索利用配方法来进行分式大小比较。

进度建议

在学习浙教版数学七年级下册"5.4 分式的加减"后研究这个课题。

实际问题

星期六，小明在家正洗着自己的脏衣服，当他放了满满一桶水，刚要把一件搓过肥皂的校服放进桶里漂洗时，忽然，妈妈拦住他说："你把水分成两盆，做两次漂洗，这样比在一桶水里直接漂洗干净，还节约水。"小明不理解地说："分成两盆和一桶不是同样这么多水吗？有什么不同啊！"

妈妈说："我也不知道有什么不同，但我每次洗你们的衣服时，一桶水分成两盆洗，第一盆水洗下来比较脏，但第二盆水洗下来明显干净，所以我认为分两盆洗衣服会洗得更干净，不信你试试。"

小明抱着探索的精神反复实验了两种洗衣服的方法，发现的确是第二种方案效果更加理想，也像妈妈说的第二盆水的确比第一盆水要干净好多。

🟢 （思 考）

(1)该问题可以用什么数学知识来解决？

(2)解决时要考虑哪些因素？

(3)在比较哪种方法洗衣服更干净时实质上是在做关于分式的哪种运算？

(4)最后如何确定哪种方法更好？

🔓 （问题解决）

一般的，假设每次漂洗污物都完全均匀地分布在水里，一桶水有M升，漂洗前校服上有m克污物，并且假定校服漂洗前后每次拧干后总留有1升水，先计算漂洗后每个方案校服上各剩下多少污物。

方案一：把校服放在一桶水里，经过漂洗后，污物均匀地分布在水中，那么桶里共有$(M+1)$升水，每1升水含有污物

$$m \div (M+1) = \frac{m}{M+1}(克)$$

因为拧干后校服上留着1升水，所以用这桶水洗衣服，拧干后校服上还留有污物$\frac{m}{M+1}$克。

方案二：把水分成两盆，每盆$\frac{M}{2}$升，那么通过第一盆水漂洗，拧干后校服上留有污物

$$m \div (\frac{M}{2}+1) = \frac{2m}{M+2}(克)$$

通过第二盆水漂洗，拧干后校服上还留有污物

$$\frac{2m}{M+2} \div (\frac{M}{2}+1) = \frac{4m}{(M+2)^2}(克)$$

于是，问题归结为比较两个分式$\frac{m}{M+1}$和$\frac{4m}{(M+2)^2}$的大小，为此，研究两者之差：

$$\frac{m}{M+1} - \frac{4m}{(M+2)^2} = \frac{m}{(M+1)(M+2)^2}[(M+2)^2 - 4(M+1)]$$

$$= \frac{mM^2}{(M+1)(M+2)^2} > 0$$

由此可见，一桶水漂洗，校服上留有的污物多，不干净；分成两盆漂洗，校服上留有的污物少，更干净。

想一想

通过以上计算我们猜想分三次漂洗是否会效果更好呢？
4次、5次乃至 n 次呢？

归纳

(1)用数学知识解决实际问题首先要确定并建立合适的数学模型。

(2)在进行分式的大小比较时通常有两种方法，即做差法和做商法，在本题中用到的是做差法，其一般步骤如下：

步骤1：通分，即

$$\frac{m}{M+1} - \frac{4m}{(M+2)^2} = \frac{m(M+2)^2}{(M+1)(M+2)^2} - \frac{4m(M+1)}{(M+1)(M+2)^2}$$

步骤2：提取公因式，即

$$\frac{m}{M+1} - \frac{4m}{(M+2)^2} = \frac{m}{(M+1)(M+2)^2}[(M+2)^2 - 4(M+1)]$$

步骤3：配方并与零比较大小，即

$$\frac{m}{M+1} - \frac{4m}{(M+2)^2} = \frac{mM^2}{(M+1)(M+2)^2} > 0$$

例题解析

例1-3-1 桌子上有一杯糖水，质量为 a 克，其中含有 b 克糖，若再往里面放 c 克糖（$a > 0, b > 0, c > 0$），则糖水将更甜，这是为什么呢？你能用分式的知识解释吗？

(1)糖水的甜度由哪些因素决定?

(2)糖水的甜度可以怎么表示?

(3)比较加糖前后糖水的甜度的本质是比较哪两个量的大小?

解:加糖前糖的质量和糖水的质量比为 $\dfrac{b}{a}$,加入 c 克糖后糖的质量和糖水的质量比为 $\dfrac{b+c}{a+c}$,则问题转化为比较 $\dfrac{b}{a}$ 和 $\dfrac{b+c}{a+c}$ 的大小关系,为此采用做差法。

$$\frac{b}{a}-\frac{b+c}{a+c}=\frac{b(a+c)-a(b+c)}{a(a+c)}=\frac{ab+bc-ab-ac}{a(a+c)}=\frac{(b-a)c}{a(a+c)}<0$$

所以 $\dfrac{b}{a}<\dfrac{b+c}{a+c}$。

由此可见,在加入一定量的糖后,糖水中糖占总质量的比例提高,糖水更甜。

(1)当遇到实际问题时,可将实际问题转化为数学问题。

(2)在比较分式大小时可以用做差法和做商法,具体选用哪种方法则因题而异。

例1-3-2 深林里举行动物运动会,其中最为精彩的是 100 m 往返跑,并且三名参赛队员小马、小鹿和小兔的实力旗鼓相当,作为小记者的松鼠分别对它们就比赛策略进行了采访。

小马:我采取的是"匀速作战"的策略,即我将用 $\dfrac{a+b}{2}$ m/s 的速度跑完全程。

小鹿:我采取的是"先发制人"的策略,即我先用 a m/s 的速度跑完一半的路程,再用 b m/s 的速度跑完另一半路程。

小兔:我采取的是"后发制人"的策略,即我先用 b m/s 的速度跑完一半的时间,再用 a m/s 的速度跑完另一半的时间。

松鼠发现 $a > b$,聪明的同学们,你们知道它们三个的名次吗?

想一想

该问题中,在路程相同的情况下什么因素决定了他们的名次?

解:设三名运动员的时间分别为 x, y, z。

小马的运动时间 $x = 200 \div \dfrac{a+b}{2} = \dfrac{400}{a+b}$;

小鹿的运动时间 $y = \dfrac{100}{a} + \dfrac{100}{b} = \dfrac{100(a+b)}{ab}$;

小兔的运动时间必须通过方程求得,由 $\dfrac{1}{2}az + \dfrac{1}{2}bz = 200$ 解得 $z = \dfrac{400}{a+b}$。

由于小马和小兔用的时间相同,所以我们只要比较 $\dfrac{100(a+b)}{ab}$ 和 $\dfrac{400}{a+b}$ 的大小即可。

$$\dfrac{100(a+b)}{ab} - \dfrac{400}{a+b} = \dfrac{100(a+b)^2 - 400ab}{ab(a+b)}$$

$$= \dfrac{100[(a+b)^2 - 4ab]}{ab(a+b)} = \dfrac{100(a-b)^2}{ab(a+b)}$$

因为 $a > b$,所以 $\dfrac{100(a-b)^2}{ab(a+b)} > 0$,故三名运动员的名次是:小马和小兔并列第一,小鹿最后。

方法提炼

在使用做差法比较分式大小时,在一定条件下需分类讨论:

$$\dfrac{a+b}{ab} - \dfrac{4}{a+b} = \dfrac{(a+b)^2 - 4ab}{ab(a+b)} = \dfrac{(a-b)^2}{ab(a+b)}$$

若 $a \neq b$，且 $a > 0, b > 0$，则 $\dfrac{(a-b)^2}{ab(a+b)} > 0$，$\dfrac{a+b}{ab} > \dfrac{4}{a+b}$；

若 $a = b$，则 $\dfrac{(a-b)^2}{ab(a+b)} = 0$，$\dfrac{a+b}{ab} = \dfrac{4}{a+b}$。

　　故在比较两个分式的大小时常用做差法，并将结果与0比较大小。

练习与思考

　　1.星期六小明去爬山，已知上山和下山是同一条路，路程为 s km，上山时速度为 a km/h，下山时速度为 b km/h，则小明往返的平均速度是多少?

　　2.甲、乙两个采购员需不定时去同一家店采购大米，而且每次去店里米的价格总有所变化。甲每次去只采购100千克，不管价格怎么变；而乙每次去只采购100元钱，不管每次能采购多少大米。若某两次他们采购的大米价格分别为 m 元/千克和 n 元/千克，则：

　　(1)甲、乙两人采购大米的平均价格为多少?

　　(2)谁进货的方式更合理?

3．国家对居民住宅建设有明确规定：窗户面积必须小于卧室内地面面积，而且按采光标准，窗户面积和卧室内地面面积之比应约等于15％，这个比值越大，采光越好。如果同时增加相等的卧室内地面面积和窗户面积，那么采光是变好了还是变差了呢？

1.4 一次函数图像的应用：手绢该丢在谁背后？

小时候玩的丢手绢游戏与数学有着十分密切的联系，沿同一轨迹运动的游戏参与者总在不断地相遇或追逐。我们若把他们的运动看作匀速运动，不难发现他们相遇的时间与各自的速度与路程存在必然联系，且各自的运动时间和路程符合一次函数，我们可以运用图像预测游戏结果。

学习目标

◎ 理解一次函数的图像中特殊点的实际意义。
◎ 能根据图像判断点的先后位置，解决实际问题。
◎ 能通过一次函数的图像中特殊点的坐标求解析式及相关常量。

进度建议

在学习浙教版数学八年级上册"5.4 一次函数的图像"之后研究这个课题。

实际问题

A、B、C、D四个小伙伴玩丢手绢游戏，每人间隔10 m，站位如图1-4-1所示。A是第一轮丢手绢的人，他的位移与时间的关系如图1-4-2所示。若他在回到座位之前没被追上，则他赢；反之，则对方赢。B、C、D的反应速度均为1 s，速度分别为6.4 m/s、6.8 m/s、7 m/s。请分别做出丢到他们背后的图像，并请你替A做出决定，为使他能赢，该把手绢丢给谁？

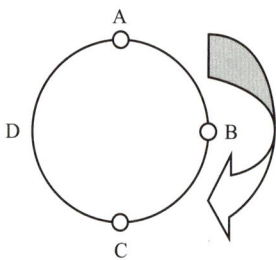

图1-4-1

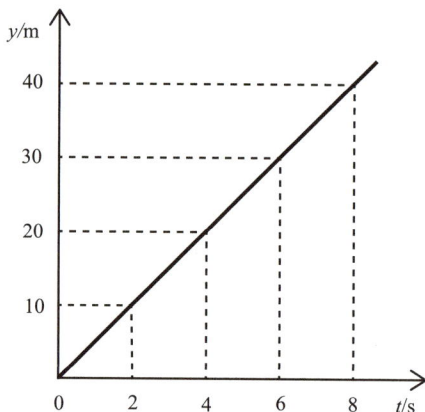

图1-4-2

？思 考

如果丢给B，B的起点 t、y 分别是多少？当 $t=8$ s时，y是多少？如果丢给C、D呢？

🔒 问题解决

(1)如果丢给B，B的起点：$t=2+1=3$ s、$y=10$ m，得点$(3,10)$；当 $t=8$ s时，$y=(8-3)\times6.4+10=42$ m，得点$(8,42)$，如图1-4-3所示。

(2)如果丢给C，C的起点 $t=4+1=5$ s、$y=20$ m，得点$(5,20)$；当 $t=8$ s时，$y=(8-5)\times6.8+20=40.4$ m，得点$(8,40.4)$，如图1-4-4所示。

(3)如果丢给D，D的起点 $t=6+1=7$ s、$y=30$ m，得点$(7,30)$，当 $t=8$ s时，$y=(8-7)\times7+30=37$ m，得点$(8,37)$，如图1-4-5所示。

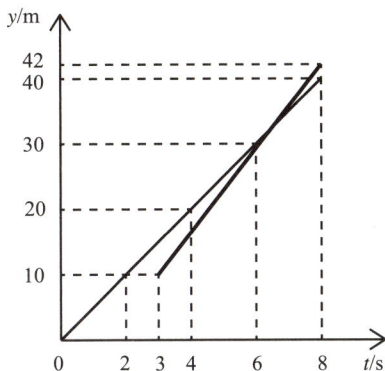

图1-4-3

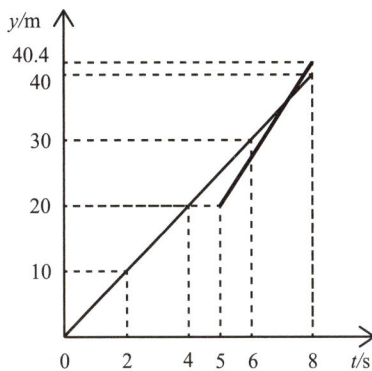

图1-4-4

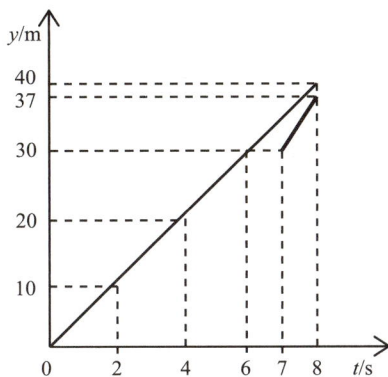

图1-4-5

综上，A应该丢在D背后，才能保证自己在游戏中胜出。

归 纳

(1)在行程问题中，可以将问题中所包含的变量之间的关系表示成一次函数的图像。

(2)理解两个一次函数的交点的意义。上题中的交点就代表两人相遇，游戏胜利的关键在于8 s内没有相遇，就是图像没有交点。

例题解析

例1-4-1 甲、乙两岛之间有一条笔直的航海线l，一号游轮从甲岛出发沿航海线l开往乙岛，同时乙岛上有二号游轮出发沿航海线l返回甲岛，到达甲地停留一段时间，原路原速出发载第二批游客去乙岛，追上一号游轮后按其速度同行到乙岛。设在航行过程中一号游轮距甲岛的距离为 y_1 m，二号游轮距甲岛的距离为 y_2 m，两游轮之间的距离为 s m，时间为 x min，y_1、y_2 与 x 之间的函数图像如图 1-4-6 所示，s 与 x 之间的函数图像（部分）如图 1-4-7 所示。

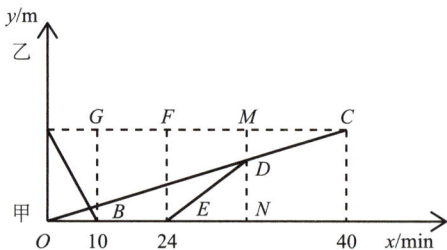

图 1-4-6

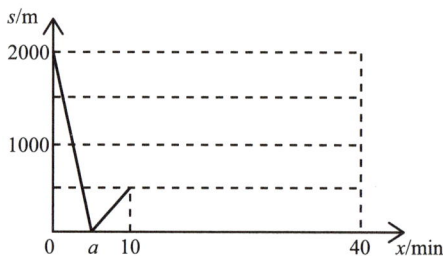

图 1-4-7

（1）求二号游轮从乙地到甲地过程中 y_2(m) 与 x(min) 之间的函数关系式。

（2）求二号游轮从甲岛返回到与一号游轮相遇的过程中 s(m) 与 x(min) 之间的函数关系式。

（3）在图 1-4-7 中，补全整个过程中 s(m) 与 x(min) 之间的函数图像，并确定 a 的值。

想一想

（1）一号游轮、二号游轮分别对应哪个图像？

（2）AB、BE、ED、DC、OC 在情境中的实际意义分别是什么？点 D 的意义是什么？

（3）图 1-4-7 中的 a 的实际意义是什么？

解：（1）根据二号游轮从乙岛到甲岛过程对应的图像是 AB，可设它从乙岛到甲岛过程中 y_2(m) 与 x(min) 之间的函数关系式为 $y_2 = kx + b$。将 $A(0，2000)$，$B(10，0)$ 代入，可得 $k = -200$，$b = 2000$。

所以，$y_2 = -200x + 2000$。

（2）由（1）知二号游轮的速度为 200 m/min，因此根据点 $E(24，0)$ 即可求出 $y_{OC} = 200x - 4800$；根据图像可求出 $y_{OC} = 50x$。将 DE 和 OC 的对

应函数关系式作差得

$$s = -150x + 4800$$

（3）第一段（AG 段中相遇前），显然 a 表示二号游轮从乙岛出发与一号游轮从甲岛出发第一次相遇的时间，即根据（2）求出的速度，可得 $a = 2000 \div (200 + 50) = 8$（min）。

（AG 段中）相遇后到二号游轮到甲岛，这段时间是 2 min，总时间是 10 min。当 $x = 10$ 时，$s = 2 \times (50 + 200) = 500$（m），对应的时间是 $8 \leqslant x \leqslant 10$。

（GF 段中）二号游轮到甲岛后停泊了 14 min，总时间是 24 min，相距的距离是小明走的路程，即当 $x = 24$ 时，$s = 24 \times 50 = 1200$（m），对应的时间是 $10 \leqslant x \leqslant 24$。

（MC 段中）这时 s 都为 0，对应的时间是 $32 \leqslant x \leqslant 40$。

（FM 段中）二号游轮到甲到停泊启程后到追上一号游轮，这时 $s = 0$，代入 $s = -150x + 4800$，可求得 $x = 32$，对应的时间是 $24 \leqslant x \leqslant 32$。

方法提炼

（1）先看横、纵坐标轴分别表示的是哪些量的关系，并观察图像的变化趋势。

（2）再利用图像分析理清每段图像的意义与特殊点的意义。

（3）设出函数表达式，代入具体数据，求出函数表达式。

例 1-4-2　A、B 两城间的公路长为 450 km，甲、乙两车同时从 A 城出发沿这一公路驶向 B 城，甲车到达 B 城 1 小时后沿原路返回，乙车直接到 B 城未返回。图 1-4-8 是它们离 A 城的路程 y(km) 与行驶时间 x(h) 之间的函数图像。

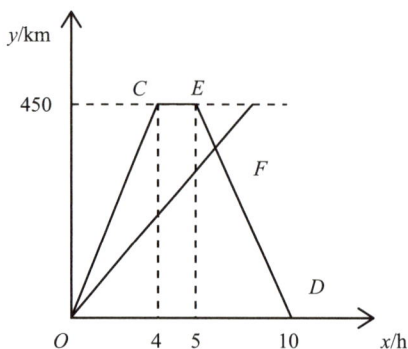

图1-4-8

(1)求甲车返回过程中y与x之间的函数解析式，并写出自变量的取值范围。

(2)乙车行驶6 h与返回的甲车相遇，求乙车的行驶速度。

想一想

(1)OC，CE，ED分别表示怎样的运动过程?

(2)根据哪两个点的坐标可求出甲车返回过程中y与x之间的函数解析式?

(3)点F在实际情景中有什么实际含义? 如何求它的坐标?

解：由题意得，OC，CE，ED表示甲车的行驶过程，ED表示甲车返回的过程，根据点E和点D的坐标即可求出甲车返回过程中y与x之间的函数解析式。

由题意得，点F为乙车行驶6h与返回的甲车相遇的点，因此点F的横坐标为6，代入(1)中的函数解释式可得点F的纵坐标，根据点O，F的坐标即可求出乙车速度。

由$E(5，450)$，$D(10，0)$，得$y_{ED}=-90x+900$ $(5\leqslant x\leqslant 10)$。将$x=6$代入上式得$y=360$，乙车的行驶速度为$360\div 6=60$（km/h）。

方法提炼

(1)分段对情境，将实际情境与图像结合，获取信息，有利于获取的信息解决问题。

(2)对照特殊点，根据已知数量求一些特殊点的坐标，并将特殊点的坐标与实际情境中的量比较，或根据坐标求实际情境中相关的数量。

(3)对应解析式，在追及与相遇问题上，用速度和或速度差乘上时间就是追或遇的路程，而往往解析式中k的绝对值就是它们各自的速度。尝试求出相关图像的函数关系式，利用函数关系式解决问题。

练习与思考

1. 小敏从A地出发向B地行走，同时小聪从B地出发向A地行走。如图1-4-9所示，交于点P的两条线段l_1,l_2分别表示小敏和小聪离B地的距离y(km)与已用时间x(h)之间的关系，分别求小敏、小聪行走的速度。

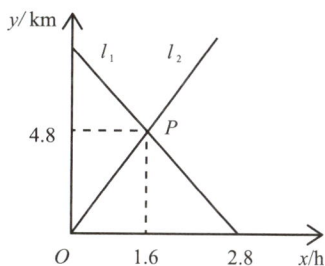

图1-4-9

2. 图1-4-10所示是一骑自行车者和一骑摩托车者沿着相同路线由甲地到乙地行驶过程中，行驶时间与行驶距离变化的情况，已知甲、乙两地之间的距离是60 km，请你根据此图回答：

(1)谁出发得较早？早多长时间？谁先到达？

(2)从自行车出发开始，几小时后两人在途中相遇？

(3)当摩托车出发后，在什么时间段内，自行车在摩托车前？在什么时间段时，自行车在摩托车后？

(4)设行驶时间为 $x(h)$，自行车与摩托车离开甲地的距离分别为 $y_1(km)$，$y_2(km)$，分别写出 x 与 y_1，y_2 之间的函数关系式。

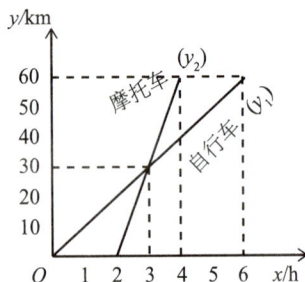

图 1-4-10

3.甲、乙两个工程队分别同时开挖两段河渠，所挖河渠的长度 $y(m)$ 与挖掘时间 $x(h)$ 之间的关系如图1-4-11所示，请根据图像提供的信息解答下列问题：

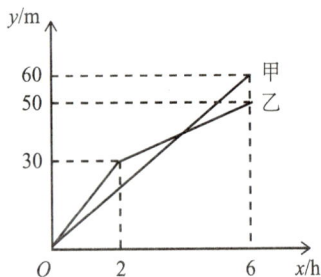

图 1-4-11

(1)乙队开挖到30 m时，用了_____h；开挖6 h时，甲队比乙队多挖了_____m。

(2)请你求出：

①甲队在 $0 \leqslant x \leqslant 6$ 时段内，y 与 x 之间的函数关系式；

②乙队在 $2 \leqslant x \leqslant 6$ 时段内，y 与 x 之间的函数关系式；

(3)当 x 为何值时，甲、乙两队在施工过程中所挖河渠的长度相等？

1.5 抛物线的应用：篮球能入筐吗？

投篮是在比赛中，运动员运用各种专门、合理的动作将球投进对方篮筐的方法，是篮球运动中一项关键性技术，也是唯一的得分手段。运动员投篮，球出手后在空中飞行的弧形轨迹(图1-5-1)可近似地看作抛物线。

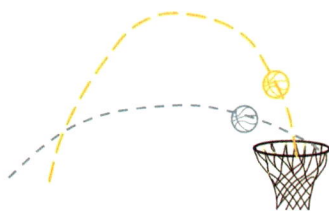

图1-5-1

学习目标

◎ 探索二次函数与篮球投出后的运动轨迹的关系，体会二次函数在生活中的应用。
◎ 通过求解二次函数解析式，体验特殊位置的点的实际意义。

进度建议

在学习浙教版数学九年级上册"1.1 二次函数"之后研究这个课题。

实际问题

如图1-5-2所示，在一次篮球比赛中，运动员A手中的球离手时距离地面的高度为$\frac{20}{9}$ m，与篮筐中心的水平距离为8 m，球离手后水平距离为4 m时到达最大高度4 m，设篮球运行的轨迹为一条抛物线，而篮筐中心距离地面的高度为3 m。问：该篮球能投进对方篮筐吗？

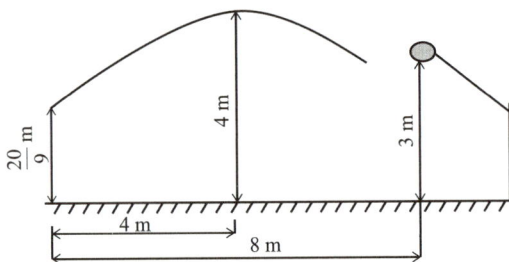

图 1-5-2

思考

(1)用函数解决问题时，该怎样建立合适的坐标系？

(2)建立坐标系后，根据题意，设哪种形式的函数解析式比较合适？

(3)估计篮球能否投进对方篮筐实质上就是求二次函数的什么？可以运用哪些方法？

问题解决

建立如图 1-5-3 所示的平面直角坐标系，点(4，4)是图中这段抛物线的顶点。

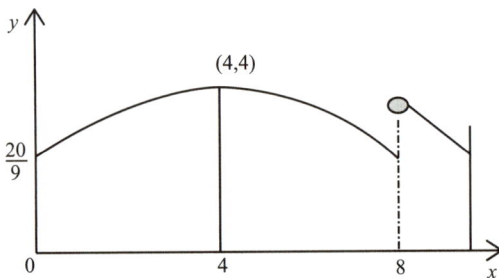

图 1-5-3

建立函数模型：设这段抛物线对应的函数为

$y = a(x-4)^2 + 4 \ (0 \leqslant x \leqslant 8)$

抛物线经过点 $(0, \dfrac{20}{9})$，

$\dfrac{20}{9} = a(0-4)^2 + 4, a = -\dfrac{1}{9}$，

$$y = -\frac{1}{9}(x-4)^2 + 4 \ (0 \leqslant x \leqslant 8)。$$

当 $x = 8$ 时，$y = \frac{20}{9}$，篮筐中心距离地面的高度为 $3 \, \text{m}$，此球不能投中。

◉ 归 纳

(1)运用函数解决这一类问题时，首先要建立适当的坐标系，确立适当的函数模型。

(2)利用特殊点的坐标求解函数解析式。

💬 例题解析

例 1-5-1　某中学举行跳长绳比赛，甩绳的明明和华华两名同学拿绳的手间距 AB 为 $6 \, \text{m}$，到地面的距离 AO 和 BD 均为 $0.9 \, \text{m}$，身高为 $1.4 \, \text{m}$ 的丽丽站在距点 O 的水平距离为 $1 \, \text{m}$ 的点 F 处，绳子甩到最高处时刚好通过她的头顶点 E。跳绳时，绳甩到高处时的形状可看作抛物线，以点 O 为原点建立如图 1-5-4 所示的平面直角坐标系，设此抛物线的解析式为 $y = ax^2 + bx + 0.9$。

(1)求系数 a，b 的值。

(2)如果小宇站在 O、D 之间，且到点 O 的距离为 $3 \, \text{m}$，当绳子甩到最高处时刚好通过他的头顶，请你计算出小宇的身高。

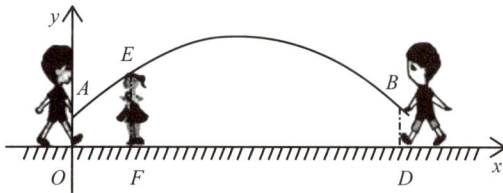

图 1-5-4

（1）已知抛物线的解析式，用什么方法求出系数 a，b 的值？

（2）小宇站的位置到点 O 的距离是 $3\,\mathrm{m}$，在直角坐标系中指的是什么坐标？此时，小宇的身高代表什么坐标？

解：（1）由题意可得，点 B 的坐标为 $(6，0.9)$，点 E 的坐标为 $(1，1.4)$。

将点 B 和点 E 代入解析式 $y=ax^2+bx+0.9$，得 $\begin{cases} 6^2a+6b+0.9=0.9 \\ a+b+0.9=1.4 \end{cases}$，

解得 $\begin{cases} a=-0.1 \\ b=0.6 \end{cases}$。

（2）由（1）可得，此抛物线的解析式为

$$y=-0.1x^2+0.6x+0.9$$

当 $x=3$ 时，$y=-0.1\times 3^2+0.6\times 3+0.9=1.8$，所以小宇的身高为 $1.8\,\mathrm{m}$。

（1）当函数解析式中有字母系数时，运用待定系数法，可列出关于系数 a，b 的方程组，从而求出系数的值。

（2）函数解析式确定后，把实际问题中的相关量转化成已知自变量求函数值或已知函数值求自变量解决问题。

例1-5-2　滨海公园建一个圆形喷水池，并在水池中央垂直安装一个柱子 OP，柱子顶端 P 处装上喷头，由 P 处向外喷出的水流（在各个方向上）沿形状相同的抛物线路径落下（图1-5-5）。若已知 $OP=3\,\mathrm{m}$，喷出的水流的最高点 A 距水平面的高度是 $4\,\mathrm{m}$，离柱子 OP 的距离为 $1\,\mathrm{m}$。

（1）求这条抛物线的解析式。

（2）若不计其他因素，水池的半径至少要多少米，才能使喷出的水流不至于落到水池外去？

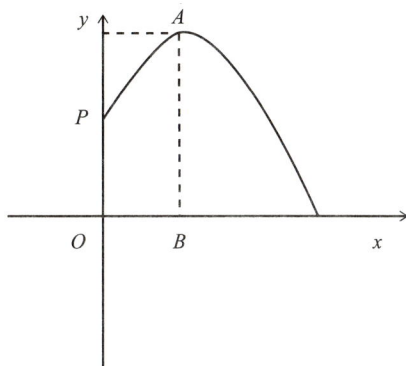

图1-5-5

（1）点 A 是抛物线的什么点？

（2）从题意可看出，这条抛物线还有哪些已知条件？

（3）根据已知条件，怎样求出函数解析式？

解：(1)由题意可知，点$(1,4)$是这条抛物线的顶点，故设解析式为 $y=a(x-1)^2+4$，

抛物线经过点$(0,3)$，

$3=a(0-1)^2+4$，

$a=-1$，

抛物线的解析式为 $y=-(x-1)^2+4$。

(2)当 $y=0$ 时，有 $0=-(x-1)^2+4$，

解得 $x_1=3$，$x_2=-1$(舍去)。

所以水池的半径至少为 $3\,\mathrm{m}$，才能使喷出的水流不落到水池外面去。

（1）当条件中出现顶点坐标时，用抛物线顶点式来求解析式比较方便。

（2）当问题中求点的坐标时，一般有两种情况：①已知

横坐标，即自变量的值，用求代数式的值的方法，求出函数值，得到点的坐标；②已知纵坐标，即函数值，用一元二次方程的解法，求出自变量的值，得到点的坐标。

练习与思考

1. 已知函数 $y = 2x^2 - 8x + 1$，求：(1)当 $x = 3$ 时，对应的函数值；(2)当 $y = 25$ 时，对应的自变量的值。

2. 教练对小刚推铅球的录像进行技术分析，发现铅球行进高度 y(m) 关于水平距离 x(m) 的函数解析式为 $y = -\dfrac{1}{12}(x-4)^2 + 3$，由此可知铅球推出的距离是多少？

3. 一位运动员在距篮下 4 m 处跳起投篮，篮球运行的路线是抛物线，当球运行的水平距离为 2.5 m 时，高度达到最高为 3.5 m，然后准确落入篮筐。已知篮筐中心到地面的距离为 3.05 m。

(1)画出图形，建立适当的直角坐标系，求该抛物线对应的函数解析式。

(2)在(1)的条件下，若该运动员的身高为 1.85 m，在这次跳投中，球在头顶上方 0.25 m 处出手。问：当球出手时，他跳离地面的高度是多少？

1.6 如何合理利用余料：怎么裁剪布料面积最大？

在生活和生产实践中，经常把板材、皮革、布料等进行加工，有时会裁下很多的余料，如果简单地把这些余料丢掉，会造成较大的浪费。怎样合理加工和利用这些余料，节约资源，变废为宝，是值得研究的问题。

学习目标

◎ 通过实践操作和设计，进一步理解建立相似三角形解决问题的一般方法。
◎ 进一步理解和掌握相似三角形的性质和判定方法。
◎ 进一步理解和掌握求二次函数最值的步骤和方法。

进度建议

在学习浙教版数学九年级上册"第4章 相似三角形"之后研究这个课题。

实际问题

某服装制造公司在一次服装加工完成后，多出了一大批形状相同的三角形的布料，如图1-6-1所示，边BC长28 cm，边BC上的高为24 cm，边AB长30 cm，边AB上的高为22.4 cm，边AC长26 cm，边AC上的高为$\frac{336}{13}$ cm。现要利用这批余料制作小饰品，需要从每块余料上裁下一个最大的正方形，应怎么裁剪？最大正方形的边长是多少？

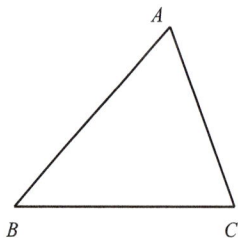

图 1-6-1

思考

自己动手画一画,想一想,正方形的顶点在哪里它的面积最大呢?

问题解决

很明显最大正方形的顶点都在三角形的边上。

(1)正方形的一条边和 BC 重合时,如图 1-6-2 所示,

过点 A 作 $AQ \perp BC$ 于点 Q,交 DE 于点 P。

设正方形的边长为 x cm。

由 $DE /\!/ BC$ 得,$\triangle ADE \backsim \triangle ABC$,

故 $\dfrac{AP}{AQ} = \dfrac{DE}{BC}$,$\dfrac{24-x}{24} = \dfrac{x}{28}$。

解得 $x = \dfrac{168}{13}$,即 $DE = \dfrac{168}{13}$ cm,正方形的边长是 $\dfrac{168}{13}$ cm。

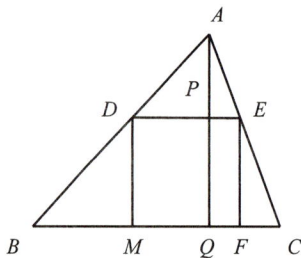

图 1-6-2

(2)当正方形的一条边和 AB 重合时,如图 1-6-3 所示,同理可得

$$\frac{22.4-x}{22.4} = \frac{x}{30}$$

解得 $x=\dfrac{1680}{131}$，即 $DE=\dfrac{1680}{131}$ cm，正方形的边长为 $\dfrac{1680}{131}$ cm。

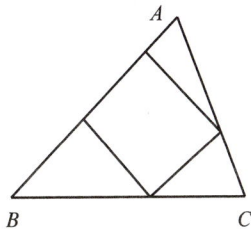

图 1-6-3

（3）当正方形的一条边和 AC 重合时，如图 1-6-4 所示，同理可得

$$\dfrac{336-x}{13}=\dfrac{x}{26}$$

解得 $x=\dfrac{4368}{337}$，即 $DE=\dfrac{4368}{337}$ cm，正方形的边长为 $\dfrac{4368}{337}$ cm。

因此，要想裁下一个最大的正方形，应使正方形的一条边和 AC 重合，

且正方形的边长是 $\dfrac{600}{49}$ cm。

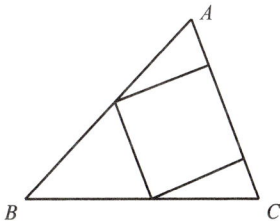

图 1-6-4

🌀 归 纳

（1）运用三角形相似解决实际问题，首先要找到哪两个三角形相似。

（2）已知三角形的底边长和高线长运用相似三角形的对应高线的比等于相似比这条性质来解决。

（3）最后检验答案是否符合实际。

🔓 问题解决

例1-6-1 某三夹板公司在一次加工过程中，由于操作失误，余下了一批三角形的木板余料。它们的形状如图1-6-5所示，为了减少损失，公司决定把它们加工成矩形板材用于制作抽屉。在△ABC中，加工成矩形DEFG，G、F在BC上，D、E分别在AB、AC上，AH⊥BC交DE于点M，BC＝80 cm，AH＝60 cm，现要求DG：DE＝1：2，求矩形的各边长。

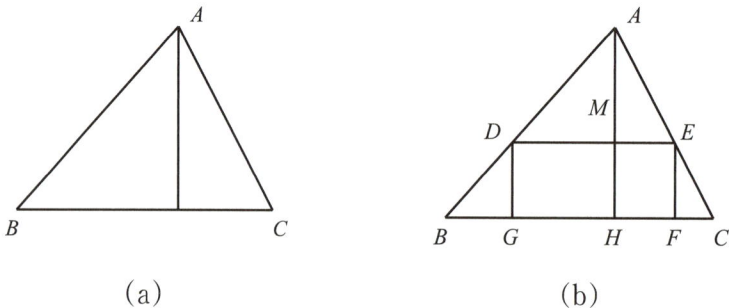

（a）　　　　　　　　　（b）

图1-6-5

求DE的长，它是哪一个三角形的边，需要用什么方法？这个三角形和哪一个三角形是相似的？根据什么性质可以求出？

解：设$DG＝x$ cm，则$DE＝2x$ cm，

$DE/\!/BC$，$\triangle ADE \backsim \triangle ABC$，

$\dfrac{AM}{AH}＝\dfrac{DE}{BC}$，$\dfrac{60-x}{60}＝\dfrac{2x}{80}$，

$x＝24$，即$DG＝24$ cm。

因此，矩形的长和宽分别为48 cm和24 cm。

三角形内接矩形面积问题是一个典型的应用问题，通常运用相似三角形的性质，探索相关线段之间的数量关系，进而求出其值。

例1-6-2 某房地产公司在一个高档小区建造过程中，由于该小区的地形原因，楼房建造完工后在小区东北角留下了一个三角形的地块，形状如图1-6-6所示，为了小区美观，公司决定在该三角形区域种植花草，设计成中间矩形区域种花，其他区域种草。在△ABC中有矩形DEFG，G、F在BC上，D、E分别在AB、AC上，AH⊥BC交DE于M，BC=12 m，AH=8 m，现要想使得种植鲜花的矩形区域面积最大，则DE的长是多少？

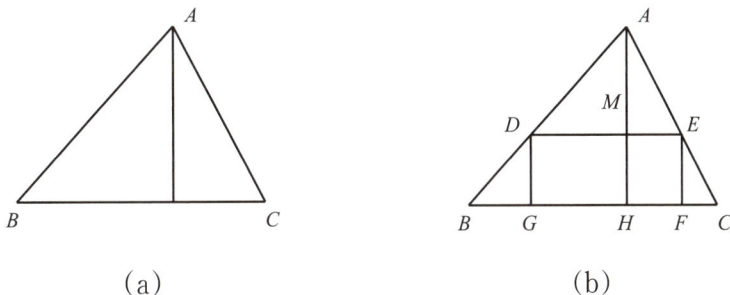

(a)　　　　　　　　(b)

图1-6-6

解：设$DE=x$ m，矩形的面积为y m²，

由$DE /\!/ BC$知，$\triangle ADE \backsim \triangle ABC$，

故$\dfrac{AM}{AH}=\dfrac{DE}{BC}$，$\dfrac{AM}{8}=\dfrac{x}{12}$，

$AM=\dfrac{2}{3}x$，

$y=DE \times EF=x(8-\dfrac{2}{3}x)=-\dfrac{2}{3}x^2+8x$。

当$x=-\dfrac{b}{2a}=-\dfrac{8}{2\times(-\dfrac{2}{3})}=6$时，矩形面积最大。

因此，要想使得种植鲜花的矩形面积最大，DE的长度应为6 m。

方法提炼

　　三角形内接矩形面积最大问题是一个典型的最优化问题，通常运用相似三角形的性质，探索相关线段之间的数量关系，再构建二次函数模型，进而利用二次函数求其最值。

练习与思考

1.木材公司在一次加工过程中，余下了一批三角形的木板余料。公司决定把它们加工成矩形板材用于制作其他产品。它们的形状如图1-6-7所示，在△ABC中，AD是高，矩形PQMN的顶点P、N分别在AB、AC上，Q、M在边BC上。已知BC＝8 cm，AD＝6 cm，现要求PN＝2PQ，请求出矩形PQMN的面积。

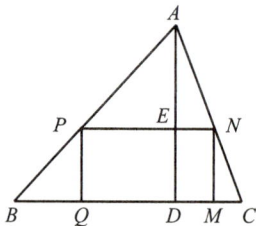

图1-6-7

2.某木材加工厂想在一个直角边长为80 cm的等腰直角三角形木板中，裁出一个最大的正方形，请你帮助他们设计出制作方案，并比较哪一种设计方案得到的正方形的面积最大。

3.梦想服装制造公司在一次服装加工完成后，多出了一大批三角形的布料。这一批三角形的布料形状如图 1-6-8 所示，边 BC 长 100 cm，高 AQ 长 60 cm，要想裁剪出的矩形面积最大，则矩形的长和宽分别是多少？

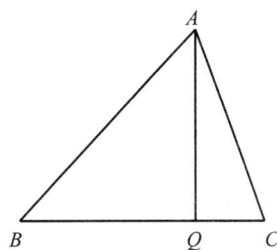

图 1-6-8

游戏实验篇

2.1　用扑克牌做游戏：如何巧算"24点"？

　　"巧算24点"作为一种扑克牌的智力游戏，健脑益智，拓展思维，是一项极为有益的数学活动，相信同学们在小学阶段都曾玩过。那我们进入初中后，学习了有理数，在有理数的范围内，玩"24点"的游戏，会遇到哪些新的挑战呢？

学习目标

◎ 巧算"24点"，掌握、巩固有理数运算法则。
◎ 锻炼思维的灵活性和发散性，提高计算能力，激发学习数学的兴趣。

进度建议

　　在学习浙教版数学七年级上册"第2章　有理数的运算"后研究这个课题。

实际问题

　　丁丁和红红利用扑克牌算"24点"来做游戏。游戏的规则是：一副扑克牌去掉大、小王后，从中任抽4张牌，对各牌上的数运用加、减、乘、除、乘方等运算符号（可加括号）列一个算式，先得计算结果为"24"者获胜。扑克牌中的J、Q、K分别表示11、12、13，A表示1，每张牌必须用一次且只能用一次。丁丁和红红两人分别抽了两组牌，下列这四组牌都能算出"24点"吗？

　　（1）　　　　　　　　　　　　　　　（2）

(3)   (4)

思 考

按逆向思维的方法考虑：24可以看作哪两个数经过一次运算得到？已知的四个数能不能经过运算得到所需要的这两个数？

问题解决

我们可以将24看作：$2×12$，$(-2)×(-12)$，$3×8$，$(-3)×(-8)$，$4×6$，$(-4)×(-6)$，$6+18$，$9+15$，$30-6$，$48÷2$，…，这样就把问题转化为怎样把四个数凑成两个数的和、差、积、商等于24。

第(1)组：可根据$2×12=24$得，$2×(3+4+5)=24$；

可根据$4×6=24$得，$4×[(3+5)-2]=24$；

可根据$16+8=24$得，$4^2+3+5=24$。

第(2)组：可根据$25+(-1)=24$得，$5^2+(10-11)=24$；

可根据$15+9=24$得，$(10+5)+(11-2)=24$。

第(3)组：可根据$4×6=24$得，$(9-5)×(13-7)=24$；

可根据$16+8=24$得，$(9+7)+(13-5)=24$。

第(4)组：可根据$8×3=24$得，$8÷(8-5)×9=24$；

可根据$32-8=24$得，$(9-5)×8-8=24$。

归 纳

利用扑克牌算"24点"，方法不一定是唯一的，但有一定的方法可循：

(1)利用$24=2×12=3×8=4×6=(-2)×(-12)=(-3)×(-8)=(-4)×(-6)$或$24=6+18=9+15=30-6=48÷2$，…，求解。

(2)合理运用括号和加减乘除运算。较为常见的是以下几种算法（我们用a,b,c,d来表示四张牌面的数字）：

①$(a-b)\cdot(c-d)$，如$(9-6)\times(12-4)=24$；

②$(a+b-c)\cdot d$，如$(5+10-3)\times2=24$；

③$(a+b)\div b\cdot c$，如$(10+2)\div2\times4=24$；

④$(a-b\div b)\cdot c$，如$(5-7\div7)\times6=24$；

⑤$(a-b)\cdot b+b$，如$(4-1)\times6+6=24$；

⑥$(a\times b)\div(c+c)$，如$(6\times8)\div(1+1)=24$。

(3)若出现2，3等较小的数字，则可考虑乘方运算，如$(13-3^2)\times6=24$。

例题解析

例2-1-1 给出下列两组牌，能算"24点"吗？若能，分别列出算式。

(1)   (2)

想一想

第(1)组的扑克牌的数字是1，8，6，3，能否用8×3或6×4去凑成24？第(2)组的扑克牌上的数字是5，11，13，4，能否用$11+13$去凑成24？

解：(1)$(1\times8)\times(6-3)=24$，$8\times[6\div(3-1)]$，$8\times(6\div3+1)$，$6\times(8-3-1)\cdots\cdots$

(2)$11\times(5-4)+13=24$或$(11+13)\div(5-4)=24$等。

方法提炼

根据扑克牌的数字特点，利用24可分成3×8、4×6、$11+13$、$48\div2$等把四个数凑成所需要的两个数，再通过加、减、乘、除等运算计算出24。

例2-1-2 我们把红桃、方块记为正数，黑桃、梅花记为负数，那么，下列给出的两组牌能算"24点"吗？

(1)    (2)

想一想

第(1)组的扑克牌上的数字是4，−3，4，−8，能否用8×3去凑成24？第(2)组的扑克牌上的数字是12，−10，−1，−12，能否用(−24)×(−1)去凑成24？

解：(1)(−3)×(−8)+4−4＝24。
(2)(−12)×[12+(−10)]×(−1)＝24。

方法提炼

绝对值相等的两个数相加或相减得0，相除得±1；绝对值相邻的两个数相加或相减得±1，充分利用0和±1的特点来列出算式。

练习与思考

1.有四张分别写有2，3，4，5的纸牌，请你用这四张纸牌计算"24点"，列出四个符合要求的不同算式(可运用加、减、乘、除、乘方运算，还可以用括号，注意：如4×(1+2+3)与(2+1+3)×4只是顺序不同，属于同一个算式)。

2.添上适当的运算符合或括号，使算式成立。

(1) 3 3 3 3＝24　　(2) 3 3 3 4＝24

(3) 3 3 3 5＝24　　(4) 3 3 3 6＝24

(5) 3 3 3 7＝24　　(6) 3 3 3 8＝24

2.2　神奇的幻方：幻方中的数字有什么规律?

　　公元前三千多年，有条洛河经常发大水，皇帝夏禹带领百姓去治理洛河，这时，从水中浮起一只大乌龟，背上有奇特的图案。这奇特的图案就是幻方。在一个由若干个排列整齐的数组成的正方形中，其中任意一行、一列及对角线上的几个数的和都相等，具有这种性质的图表叫"幻方"。古时候的人们就开始玩这种有趣而神秘的游戏。幻方究竟有什么神奇之处呢？让我们一起走进神奇的幻方吧！

学习目标

　◎ 会构造简单的三阶幻方，体会数字之间的联系。
　◎ 根据有理数的运算和字母表示数的经验，能总结出三阶幻方数字间的规律以及本质特征。
　◎ 通过幻方游戏，探索数字排列规律，感受数学之美。

进度建议

　　在学习浙教版数学七年级上册"2.6　有理数的混合运算"之后研究这个课题。

实际问题

　　你能将1~9这些数填到图2-2-1所示的3×3方格中，使得每一行、每一列、每一条对角线的三个数字和都相等吗？

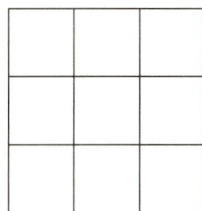

图2-2-1

？ 思考

(1)幻方中每一行、每一列及每条对角线上的三个数之和称为幻和，本问题中的幻和应该是多少？

(2)你能发现正中间的数与幻和的数量关系吗？正中间的数与对应的上下、左右及对角线上另外两数之间有什么数量关系？

🔓 问题解决

通过计算，1～9这9个数的总和为45，因此每行、每列、每条对角线的三数之和应是15，即"幻和"。发现最中间的数显然是幻和的平均数，也是9个数的平均数。正中间的数的两倍等于与它对应的上下、左右及对角线上另外两数的和。通过尝试，这9个数的一种填写方法如图2-2-2所示。

4	9	2
3	5	7
8	1	6

图2-2-2

🔄 归纳

填写"幻方"首先要确定最中间这个数，再根据中间这个数与幻和或9个数的和的关系依次确定其他8个数的位置。不难发现中间数的上下、左右及对角线上中间数两边的两个数的和都相等且是中间数的2倍。

💬 **例题解析**

例2-2-1 你能否改变图2-2-2幻方中数字的位置，使它们仍然满足你发现的那些相等关系吗？

探索备用图：

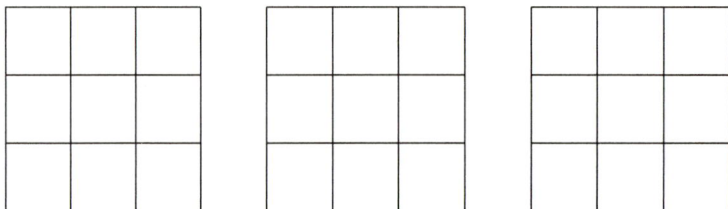

　　根据什么条件可以来判断一个图表是"幻方"？不管如何改变数的位置，每行、每列、每条对角线的和仍等于多少？最中间的这个数会改变吗？

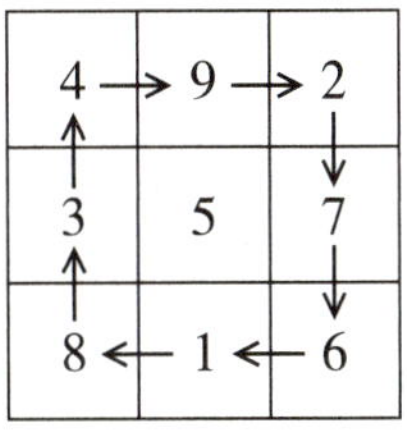

　　解:方法一：从数运算的角度，因为每行、每列、每条对角线的和是15，是最中间数的3倍，除中间数外的两个数之和是中间数的两倍，即10，所以中间数是5。先填好中间数字5，其他的两数可以成对填入，要求成对两数之和是10。

图2-2-3

　　方法二：从图形运动的角度，对应的8个数围绕中间数5逆时针或顺时针旋转改变其位置即可，如图2-2-3所示。

　　例2-2-2　　如果中间的数字用x来表示的话，其他的数字应如何用字母表示？从中你得到了"幻方"怎样的规律和本质特征？

　　如果用字母x表示最中间的数，你能用含x的代数式表示另外8个数吗？你是否发现幻和与x的数量关系？由此你能解决其他的幻方问题吗？

　　解：发现每行、每列、每条对角线的和(即幻和)为$3x$，最中间数x的相对两数和始终为$2x$，如图2-2-4所示。

$x-1$	$x+4$	$x-3$
$x-2$	x	$x+2$
$x+3$	$x-4$	$x+1$

图2-2-4

方法提炼

用字母和代数式表示幻方中的数及规律是一种一般化、简洁的数学方法，它能够全面而简单地表示出这9个数字之间的数量关系，从而揭示"幻方"的本质特征。

练习与思考

1.在下列各图的空格里，填上合适的数，使每行、列及两条对角线上三个数的和都相等。

4	3	8

3		
17		1

2.请你将下面两组数分别填入3×3的方格中，使得每行、每列、每条对角线上的三个数之和都相等，并思考：这里的各组的9个数与原来9个数有什么关系？这9个数可以由原来9个数怎么变过来？

(1)2, 3, 4, 5, 6, 7, 8, 9, 10。

(2)−2, −1, 0, 1, 2, 3, 4, 5, 6。

2.3　古诗中的方程：寺内共有"几多僧"？

　　谈起数学，我们总是会第一时间想起很多的西方数学家和数学公式定理。但是你们知道吗？其实早在千百年前我国古代传统的诗词中已经蕴含了数学元素。本节课将详细列举一些关于方程类的诗词，这些诗词语言生动活泼，读来朗朗上口，既有知识性，又有趣味性。

学习目标

◎ 能够看懂古诗中蕴含的数学问题并会运用一元一次方程的知识解决问题。
◎ 感受诗歌与数学文化有机融合的魅力。

进度建议

　　在学习了浙教版数学七年级上册"第5章　一元一次方程"后研究这个课题。

实际问题

　　清代的数学家徐子云在他的著作《算法大成》中有这么一首诗：

寺内僧多少?

巍巍古寺在深山，不知寺中几多僧。

三百六十四只碗，众僧刚好都用尽。

三人共食一碗饭，四人共吃一碗羹。

请问先生名算者，算来寺内几多僧？

根据诗中的描述，你能算出这座古寺中究竟有多少僧人吗？

? （思考）

(1)你能说说这首诗的含义吗?

(2)这首诗提到了哪些量? 这些量之间有怎样的关系?

🔓 （问题解决）

这首诗的含义是：寺庙内不知有多少僧人，饭碗和汤碗共364只，如果3人共用一个饭碗吃饭，4人共用一个汤碗喝汤，正好用完所有的碗。问共有多少僧人?

诗中涉及的两个等量关系如下：

由"三百六十四只碗，众僧刚好都用尽"得：饭碗数＋汤碗数＝总碗数；

由"三人共食一碗饭，四人共吃一碗羹"得：3×饭碗数＝4×汤碗数＝总人数。

设饭碗有x只，则汤碗有$(364-x)$只，则有

$$3x＝4\times(364-x)$$

解得：$x＝208$。

$$208\times3＝624(人)$$

故寺内共有僧人624人。

◎ （归纳）

解决古诗中的问题的基本步骤：

(1)理解含义，用自己的语言叙述问题，将诗词转化为数学问题。

(2)分析问题，寻找等量关系。

(3)设元，列方程，建立模型。

(4)解方程。

(5)检验与反思，检验解答的合理性，思考有无其余方法。

💬 例题解析

例2-3-1 明代的数学家吴敬在其著作《九章算术比类大全》中有一

首描述竿子与绳索的诗：

索竿之长

一支竹竿一条索，索比竿子长一托。

对折索子来量竿，却比竿子短一托。

请你解答竹竿和绳索各长几托？

想一想

你会翻译这首诗歌吗？其中有着怎样的等量关系？

解：这首诗的意思是：已知有一支竹竿和一条绳索，绳索比竹竿长一托，把绳索对折之后再去量竹竿，却又比竹竿短了一托。

诗中有两句话蕴含等量关系：

① "索比竿子长一托"说明绳索比竹竿长一托。

我们可以设绳索长x托，则竹竿长$(x-1)$托。

② "却比竿子短一托"说明绳索对折后比竹竿短了一托。

即对折后的绳索长$0.5x$托，比竹竿短一托即$[(x-1)-1]$托。

方法一：设绳索长x托，则竹竿长$(x-1)$托。

由题意得，

$(x-1)-0.5x=1$或$(x-1)-1=0.5x$

解得：$x=4$。

答：绳索长4托，竹竿长3托。

方法二：设绳索长x托，竹竿长y托

由题意得，

$$\begin{cases} x=y+1 \\ \dfrac{1}{2}x-y-1 \end{cases}$$

解得：$\begin{cases} x=4 \\ y=3 \end{cases}$

答：绳索长4托，竹竿长3托。

方法提炼

用方程解决古诗中的应用问题，首先必须读懂诗词的意思，再找等量关系，而寻找等量关系时，首先要找关键字词。

例2-3-2 北魏数学家张丘建在《张丘建算经》中曾写过这样一首诗：

隔溪牧羊

甲乙隔溪牧羊，两人相互商量；

甲得乙羊九只，多乙一倍正当；

乙说得甲九只，两人羊数一样；

问甲乙各几羊，让你算个半晌。

你能解答这个问题吗？

想一想

"甲得乙羊九只"、乙得甲九只羊，这里面有着怎样的数量变化？

解：因为诗中有"甲得乙羊九只，多乙一倍正当"，所以甲的羊数＋9的同时乙的羊数－9，此时两者应该是两倍关系。

同理，"乙说得甲九只，两人羊数一样"意味着：乙的羊数＋9的同时甲的羊数－9，这样结果是两人的羊数一样，故甲乙两人原先相差18只羊。

列表分析如下：

	甲得到乙给的九只羊	乙得到甲给的九只羊
甲	甲原来的羊＋9	甲原来的羊－9
乙	乙原来的羊－9	乙原来的羊＋9
	甲=2乙	乙=甲

方法一：设甲原来有 x 只羊，则乙原来有（$x-18$）只羊，所以甲后来有（$x+9$）只羊，乙后来有（$x-18-9$）只羊。

由题意得：

$x+9=2（x-18-9）$

解得：$x=63$

答：甲有 63 只羊，乙有 45 只羊。

方法二：设甲原来有 x 只羊，乙原来有 y 只羊。

由题意得：

$$\begin{cases} x+9=2(y-9) \\ x-9=y+9 \end{cases}$$

解得：$\begin{cases} x=63 \\ y=45 \end{cases}$

答：甲有 63 只羊，乙有 45 只羊。

方法提炼

　　本题可借用列表或者图示法，分析两个变量之间的数量关系。根据所设的未知数不同，建立相应的方程。

练习与思考

1.你能解答到底有多少人、多少银子吗？

> **客人分银**
>
> 隔墙听得客分银，不知人数不知银，
> 七两分之多四两，九两分之少半斤。
> 试问各位善算者，多少人分多少银？
> ——明·程大位《算法统宗》

2. 你能算出来顶层有多少灯吗?

> **宝塔装灯**
>
> 远望巍巍塔七层,红红点点倍加增,
> 共灯三百八十一,请问顶层几盏灯?
> ——明·吴敬《九章算术比类大全》

3. 请问甜果和苦果各有几个,每个分别又要多少钱?

> 九百九十九文钱,
> 甜果苦果买一千,
> 甜果九个十一文,
> 苦果七个四文钱,
> 试问甜苦果各几个,
> 又问各该几个钱?

2.4 日历中的数字规律：这四个数之和可能是78吗？

日历与人们的日常生活密切相关，它不仅可以帮助我们记住日期，安排相关日程，还可以当作记事本。日历也蕴藏着丰富的数学问题，观察手中的日历，数字之间有哪些特点呢？日历中的日期是怎样排列的？表示日期的数字之间有什么规律？本节课我们一起来探索。

学习目标

◎ 通过探索日历中数的排列规律，体验一元一次方程是刻画现实生活的有效数学模型。

◎ 会用字母表示日历中的数字规律，并会用方程解决有关实际问题。

◎ 了解问题解决的四个基本步骤：理解问题—制订计划—执行计划—回顾。

进度建议

在学习浙教版数学七年级上册"5.3 一元一次方程的解法"之后研究这个课题。

实际问题

在日历上用方框任意框出四个数，它们的和可能是78吗？如果可能，请求出这四个数，如果不可能，请说明理由。

星期日	星期一	星期二	星期三	星期四	星期五	星期六
		1	2	3	4	5
6	7	8	9	10	11	12
13	14	15	16	17	18	19
20	21	22	23	24	25	26
27	28	29	30	31		

思考

(1)框出四个数有几种框法？日历中的横排和竖列相邻两数字之间有什么关系？

(2)如果用字母来表示其中一个数，那么其他三个数如何用代数式表示？

(3)若用方程求解，设哪个数为未知数x比较方便？

问题解决

方框框出的四个数，可以分三种情况：横着四个数、竖着四个数和田字形的四个数。

(1)横着框出的四个数。假设第一个数为x，则相邻的数字可以表示为$x+1, x+2, x+3$，则有$x+x+1+x+2+x+3=78$，解得$x=18$，则四个数为18，19，20，21。

(2)竖着框出的四个数。假设第一个数为x，则相邻的数字可以表示为$x+7, x+14, x+21$，则有$x+x+7+x+14+x+21=78$，解得$x=9$，则四个数为9，16，23，30。

(3)田字形。假设第一个数为x，则相邻的数字可以表示为$x+1, x+7, x+8$，则有$x+x+1+x+7+x+8=78$，解得$x=15.5$(不符合题意，舍去)。

答：用方框框出四个数，有三种方法，分别为横着框、竖着框和田字形框。有两种方法可以存在四数之和为78，其中横着的四个数为18，19，20，21，竖着的四个数为9，16，23，30。

归 纳

日历中数字的排列是有一定规律的，因为日期都是连续的整数，且以7天为一个周期，因此横排相邻两数相差1，竖列两数相差7；用字母和方程表示数量关系和规律，是解决问题的有效手段；同时我们在考虑问题时要切合实际，考虑全面，进行分类讨论。

例题解析

例2-4-1 有时候人们总是会问今天是星期几？那么我们能否根据日期和日历中的数字规律来推算呢？例如，某年某月有5个星期二，这5个星期二对应的5个数之和为80，那么这个月的4号是星期几？

想一想

(1)上下相邻的5个日期间有什么规律？设哪个日期为x列方程比较简便？

(2)通过求出星期二的日期，能推导其他日期位列于星期几吗？

解：设某年某月的第一个星期二对应的数为x，则接下来的星期二对应的数分别为$x+7$，$x+14$，$x+21$，$x+28$，则有

$x+x+7+x+14+x+21+x+28=80$

解得，$x=2$。

即这个月第一个星期二为2号，则1号为星期一，4号为星期四。

答：这个月4号为星期四。

方法提炼

日历中横排相邻两数相差1，竖排相邻两数相差7，因此通过用一个字母表示对应位置的数时，其他数字可以用该字母表示，用代数式和方程往往能简洁明了地解决问题。

例2-4-2 2019年10月的某一周，小泽一家外出旅游，这一周各天的日期之和是63，你能算出小泽一家是几号回家的吗？

想一想

一周共7天，这7天是连续的吗？7个日期有什么规律？

解：设小泽一家出发那天的日期为x，则根据题意列出方程

$x+(x+1)+(x+2)+(x+3)+(x+4)+(x+5)+(x+6)=63$，

解得，$x=6$，

$6+6=12$

答：小明一家是12号回家的。

方法提炼

这个问题的实质是求和为63的7个连续自然数分别是多少。

练习与思考

1.2019年4月9号是星期二，再过8天是星期几？再过20天是星期几？

2.小华的爸爸出差往返共4天，这4天的日期之和为38，你知道小华的爸爸是几号回家的吗？

3.将2019年8月的日历中的数继续写下去，形成一张数表，见下表，并将每一横排称为行，纵排称为列，问：

日	一	二	三	四	五	六
				1	2	3
4	5	6	7	8	9	10
11	12	13	14	15	16	17
18	19	20	21	22	23	24
25	26	27	28	29	30	31
32	33	⋯				
⋯	⋯					
704	705	706	707	708	709	710
711	⋯					

(1)2018这个数在第几行第几列？

(2)在此表中画一个3×3的正方形，这个正方形中的9个数的和可能是2018吗？2016呢？

2.5 平面直角坐标系中两点之间距离：奶酪离蚂蚁有多远?

棋盘中任意一个点，我们可以用坐标的形式来描述它的位置，那么棋盘中任意两个点之间的距离与这两个点的坐标有没有联系呢? 我们是否也可以用两个点的坐标来表示这两点之间的距离呢?

学习目标

◎ 探索平面直角坐标系内两点之间的距离，会用勾股定理推导两点之间距离的计算公式，能运用公式求两点之间的距离。
◎ 通过探索平面直角坐标系内两点之间的距离，感受数形结合的思维方式。

进度建议

在学习浙教版数学八年级上册"4.2 平面直角坐标系"之后学习该课题。

实际问题

如图 2-5-1 所示，在棋盘上有一只蚂蚁，蚂蚁的不远处有一小块小朋友落下的奶酪，如果把小蚂蚁在棋盘上的位置记为(3,1)，那么
(1)奶酪的位置如何表示?
(2)奶酪离蚂蚁有多远? 蚂蚁至少爬多远才能找到奶酪?
(3)蚂蚁与奶酪的距离与它们的坐标有联系吗?

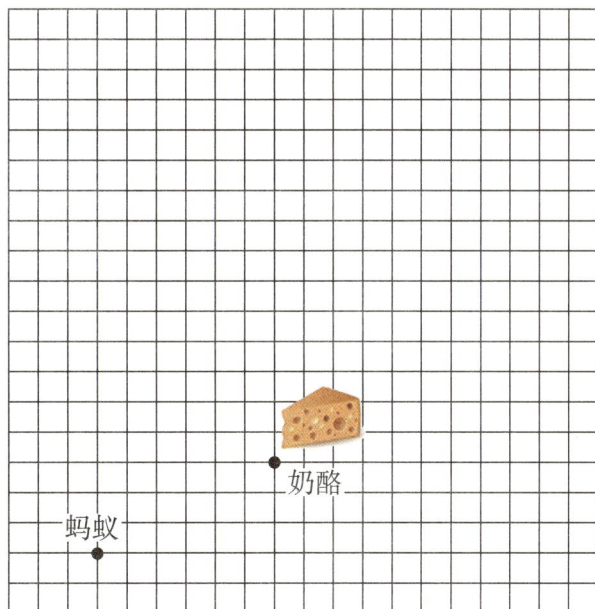

图 2-5-1

(1)如何根据蚂蚁的位置建立合适的直角坐标系，以得到奶酪的位置?

(2)蚂蚁与奶酪的距离指的是什么?

(3)能否通过构造直角三角形，利用勾股定理解决问题?

🔓 问题解决

(1)如果蚂蚁的位置记为 $A(3,1)$，则按图 2-5-2 建立直角坐标系，奶酪的位置为 $B(9，4)$。

(2)如图 2-5-2 构造直角三角形 ABC，由勾股定理可得，蚂蚁与奶酪两者之间的距离 $AB=\sqrt{6^2+3^2}=3\sqrt{5}$，所以蚂蚁与奶酪之间有 $3\sqrt{5}$ 个单位的距离。

(3)蚂蚁与奶酪的距离与它们的坐标有联系，即 A、B 两点之间距离可以通过构建直角三角形解决问题。

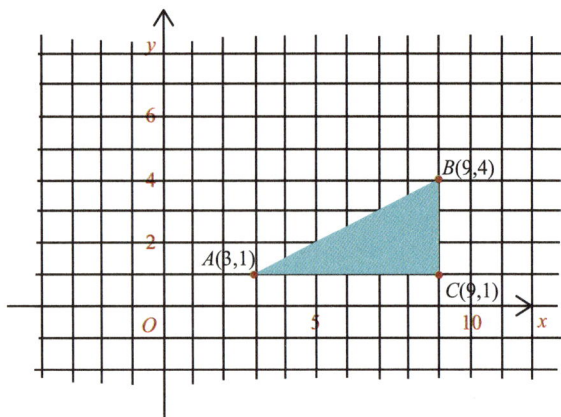

图 2-5-2

归 纳

平面直角坐标系中任意两点之间的距离，可以通过构造直角三角形，利用勾股定理解决问题。在解决问题之初要能处理点的坐标与三角形各边之间的关系。

例题解析

例 2-5-1

(1)点 A、点 B 是平面直角坐标系中的两个点，若 A、B 两点的坐标如下：

$A(5, 0)$，$B(1, 0)$；$A(-3, 4)$，$B(4, 4)$；$A(x_1, y)$，$B(x_2, y)$

则 A、B 之间的距离是多少？

(2)点 C、点 D 是平面直角坐标系中的两个点，若 C、D 两点的坐标如下：

$C(0, 2)$，$D(0, -1)$；$C(4, -1)$，$D(4, 8)$；$C(x, y_1)$，$D(x, y_2)$

则 C、D 之间的距离是多少？

想一想

(1)当两个点的连线与 x 轴平行时，这两点之间的距离怎样表示？

想一想

(2)当这两点的连线与y轴平行时，这两点之间的距离又可以怎样表示？

(3)如何求与坐标轴平行的两点之间的距离？

解：由平面直角坐标系可得：

(1)如图2-5-3所示，当$A(5, 0)$，$B(1, 0)$时，点A、B在x轴上，$AB=5-1=4$；

当$A(-3, 4)$，$B(4, 4)$时，$AB//x$轴，则$AB=4-(-3)=7$；

当$A(x_1, y)$，$B(x_2, y)$时，$AB//x$轴，则$AB=|x_1-x_2|$。

(2)如图2-5-4所示，当$C(0, 2)$，$D(0, -1)$时，点C、D在y轴上，$CD=2-(-1)=3$；

当$C(4, -1)$，$D(4, 8)$时，$CD//y$轴，则$CD=9$；

当$C(x, y_1)$，$D(x, y_2)$时，$CD//y$轴，则$CD=|y_1-y_2|$。

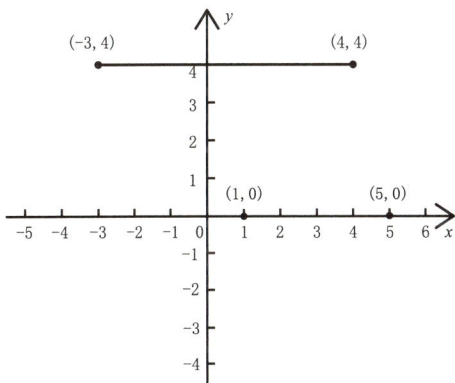

图2-5-3

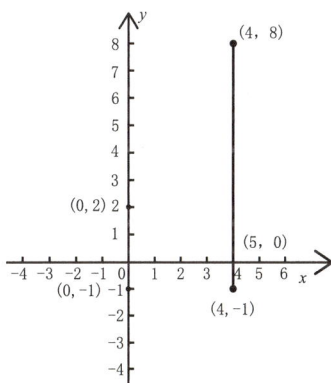

图2-5-4

方法提炼

在平面直角坐标系中有两点$A(x_1, y_1)$，$B(x_2, y_2)$，若这两点的连线与坐标轴平行，则这两点之间的距离为横(纵)坐标差的绝对值。

例2-5-2 在平面直角坐标系中有M、N两个点，坐标如下，则M、N之间的距离是多少？

(1)$M(-3, 0)$，$N(0, 3)$；

(2)$M(1, 1)$，$N(4, 5)$。

想一想

(1)当平面直角坐标系中的两个点的连线不与坐标轴平行时，如何求两点之间距离？

(2)第(1)中点M、N在坐标轴上，如何构造直角三角形？直角边分别是多长？

(3)第(2)中点M、N没有在坐标轴上，如何构造直角三角形？怎样求出点M、N之间的距离？

解：

(1)M、N的位置如图2-5-5所示，连结点M、N，构造Rt$\triangle MON$，

由$M(3, 0)$，$N(0, 3)$得，

$MO=3$，$NO=3$，

在Rt$\triangle MON$中，$MN=3\sqrt{2}$。

(2)如图2-5-6所示，过点M作$MP /\!/ x$轴，过点N作$NP /\!/ y$轴，两直线交于点P，

因为$MP /\!/ x$轴，$NP /\!/ y$轴，所以$\triangle MPN$是直角三角形。

又由$M(1, 1)$，$N(4, 5)$得，$P(4, 1)$，

$MP=3$，$NP=4$，$MN=5$。

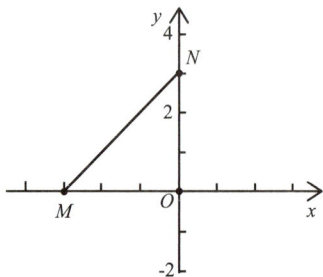

图2-5-5

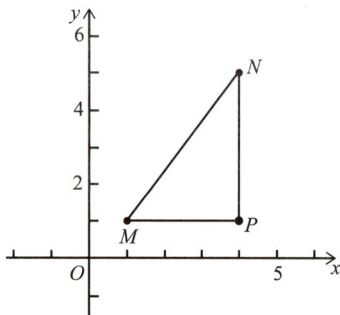

图2-5-6

方法提炼

在平面直角坐标系中有两点 $A(x_1, y_1)$，$B(x_2, y_2)$，若连线与坐标轴不平行，则可以通过构造直角三角形得出 A、B 两点之间的距离为 $\sqrt{(x_1-x_2)^2+(y_1-y_2)^2}$。

练习与思考

1.在平面直角坐标系中有点 $P(-2, 3)$，$Q(3, -1)$，则 P、Q 之间的距离是多少?

2.已知三角形 ABC 的三个顶点坐标分别为 $A(-1, 0)$，$B(1, 0)$，$C(\frac{1}{2}, \frac{\sqrt{3}}{2})$，判断三角形 ABC 的形状。

3.在平面直角坐标系中有点 $A(-3, -4)$，$B(5, 0)$，

(1)求证：$AO=BO$。

(2)求三角形AOB的面积。

(3)求原点O到AB的距离。

2.6 抛硬币游戏：一正一反的概率有多大？

17世纪帕斯卡与费马的讨论中明确了概率的概念。概率能够帮助我们研究事件发生的可能性，并做出正确的判断和决策。概率已经深入我们生活的每个角落，从疾病检测、抽样调查、金融投资到天气预报、生物遗传，甚至到抢红包、找对象、玩抽卡手游，都有着它的身影。

学习目标

◎ 体会概率的基本意义，能够分析和研究生活中具体的有关概率的情境或事件。
◎ 掌握非等可能性事件转化为等可能性事件的方法。
◎ 会用树状图分析事件的可能结果数。

进度建议

在学习浙教版数学九年级上册"2.4 概率的简单应用"后研究这个课题。

实际问题

小明同学认为，抛掷两枚均匀硬币，硬币落地后，朝上的一面只可能有以下三种情况：①全是正面；②一正一反；③全是反面。因此，这三个事件发生的可能性是相等的。你同意这种说法吗？若不同意，你认为哪一个事件发生的可能性最大？为什么？

? 思 考

在抛掷硬币时，以上三个事件发生的可能性大小一样吗？哪些事件发生的可能性相同？哪些事件发生的可能性不同？

🔓 问题解决

要解决这个问题我们可以利用列举法把事件的所有可能结果一一列举出来。抛掷两枚均匀的硬币，可能的结果有：正正，正反，反正，反反。而这里的每种结果可能性相等，不受其他因素影响，然后利用概率公式求解即可求得各概率，继而求得答案。

解：抛掷两枚均匀的硬币，可能的结果为正正，正反，反正，反反，

$P(全是正面) = \dfrac{1}{4}$，$P(一正一反) = \dfrac{2}{4} = \dfrac{1}{2}$，$P(全是反面) = \dfrac{1}{4}$，

"一正一反"发生的可能性最大。

↻ 归 纳

如果一次试验由 n 个基本事件组成，而且所有结果出现的可能性都是相等的，那么每一个基本事件互为等可能事件。判断该事件是否是等可能性事件，首先要考虑清楚每种可能结果的可能性是否相等。若是等可能性事件，可用列举法求每个事件发生的概率，概率越大，则事件发生的可能性就越大；若不是等可能性事件，则要转化为等可能性事件。

💬 例题解析

例2-6-1 如图2-6-1所示，转盘的白色扇形和红色扇形的圆心角分别为120°和240°。让转盘自由转动2次，求指针一次落在白色区域另一次落在红色区域的概率。

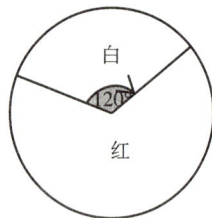

图2-6-1

想一想

指针落在白色区域和红色区域的两个事件可能性相同吗？这是一个等可能性事件吗？

解：由于两个扇形的圆心角不相等，转盘自由转动1次，指针落在白色区域、红色区域的可能性不相同。如果我们把红色的扇形划分成两个圆心角都是120°的扇形，那么转盘自由转动1次，指针落在各个扇形区域的可能性都相同，这样就可以用列举法来求出指针一次落在白色区域另一次落在红色区域的概率。

把红色扇形划分成两个圆心角都是120°的扇形，分别记为红Ⅰ和红Ⅱ。让转盘自由转动2次，所有可能的结果如图2-6-2所示，且各种结果发生的可能性相同。所以$n=3\times3=9$，事件"指针一次落在白色区域，另一次落在红色区域"包含其中的结果数$m=4$，所以$P=\dfrac{4}{9}$。

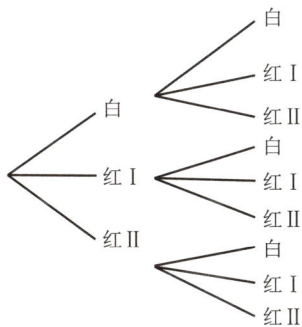

图2-6-2

方法提炼

对于转盘问题，往往可以通过圆心角转化为等可能性事件，再用树状图求得概率。

例2-6-2 我们在用列举法求概率时，为了条理清楚、不重不漏地列举试验结果，常用列表法或画树状图法这两种辅助工具进行分析，列举事件发生的各种结果。

(1)请选择列表法或画树状图法，解决以下两个问题：

①同时掷两枚质地均匀的骰子(六个面分别标有1，2，3，4，5，6)，求至少有一枚骰子的点数为3的概率。

②英文字母A、E、I是元音字母，B、C、D、H是辅音字母，甲口袋中装有2个相同的小球，它们分别写有A和B；乙口袋中装有3个相同的小球，它们分别写有C、D和E；丙口袋中装有2个相同的小球，它们分别写有H和I。从三个口袋中各随机取出1个小球，求取出的3个小球上恰好有2个元音字母的概率。

(2)请简要说明你选择列表法或画树状图法解决上述问题的理由。

想一想

当事件是等可能性事件时，我们通常用画树状图或列表的方法来列举出所有可能的结果。那么当问题中出现几个变量时适合用列表法？几个变量时适合用树状图法呢？

解：(1)①如表2-6-1所示，至少有一个是3的概率为$\frac{11}{36}$。

表2-6-1

	1	2	3	4	5	6
1	(1,1)	(2,1)	(3,1)	(4,1)	(5,1)	(6,1)
2	(1,2)	(2,2)	(3,2)	(4,2)	(5,2)	(6,2)
3	(1,3)	(2,3)	(3,3)	(4,3)	(5,3)	(6,3)
4	(1,4)	(2,4)	(3,4)	(4,4)	(5,4)	(6,4)
5	(1,5)	(2,5)	(3,5)	(4,5)	(5,5)	(6,5)
6	(1,6)	(2,6)	(3,6)	(4,6)	(5,6)	(6,6)

②图2-6-3所示，恰好有2个元音字母的概率为$\frac{1}{3}$。

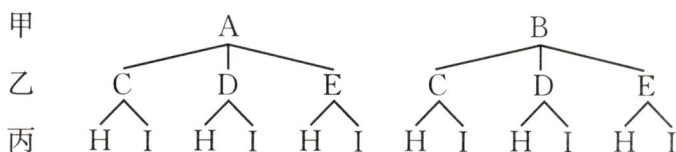

图2-6-3

(2)当有两个变量时可选择画树状图或列表，当有三个变量时应选择画树状图。

方法提炼

(1)当要求的事件的概率不是等可能性事件时，我们要通过各种方法把它先转化为等可能性事件，然后列表或画树状图求出所有的等可能性结果。

(2)如果一个事件中有两个变量，我们既可以用列表法，也可以用树状图法求所有等可能性结果，如果有三个或三个以上变量时，我们应采用树状图法。

练习与思考

1.一个密码箱的密码，每个数位上的数都是从0到9的自然数，若要使不知道密码的人一次就拨对密码的概率小于 $\frac{1}{999}$，则密码的位数至少为多少位？

2.如图2-6-4所示，转盘中黄色扇形的圆心角为90°，绿色扇形的圆心角为270°。让转盘自由转动两次，求两次指针都落在绿色区域的概率。

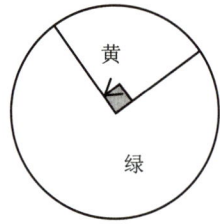

图2-6-4

3.有两道门，各配有2把钥匙，这4把钥匙分放在2个抽屉里，使每个抽屉里恰好有每一道门的1把钥匙。若从每个抽屉里任取1把钥匙，则能打开两道门的概率是多少？

数学思想方法探索篇

数学建模：如何分配更合理？

数形结合：你能用面积表示乘法公式吗？

因式分解法之再探索：如何分组分解？

轴对称的应用：水泵站应建在哪里？

用不等式解决问题：谁将最后一个出线？

"玩"转正方形：这两个三角形全等吗？

圆的妙用：如何巧构辅助圆？

探索共边三角形：如何求共边三角形的面积？

用图像解决代数问题：这个方程有解吗？

3.1 数学建模：如何分配更合理?

17世纪法国数学家、哲学家笛卡尔(1596—1650年)曾经说过,一切问题都可以转化为数学问题,一切数学问题都可以转化为代数问题,而一切代数问题又都可以转化为方程。因此,一旦解决了方程问题,一切问题将迎刃而解。那么你能不能把下列的实际问题转化为方程问题来解决呢?让我们来试一试。

学习目标

◎ 探索用一元一次方程来解决"配套问题"。
◎ 掌握用一元一次方程解决实际问题的一般步骤。
◎ 通过列一元一次方程解决实际问题,体会建模思想,提高用一元一次方程解决实际问题的能力。

进度建议

在学习浙教版数学七年级上册"5.4 一元一次方程的应用"之后研究这个课题。

实际问题

某车间22名工人生产螺钉和螺母(图3-1-1),每人每天平均生产螺钉1200个或螺母2000个,一个螺钉要配两个螺母。为了使每天的产品刚好配套,应该分配多少名工人生产螺钉、多少名工人生产螺母?

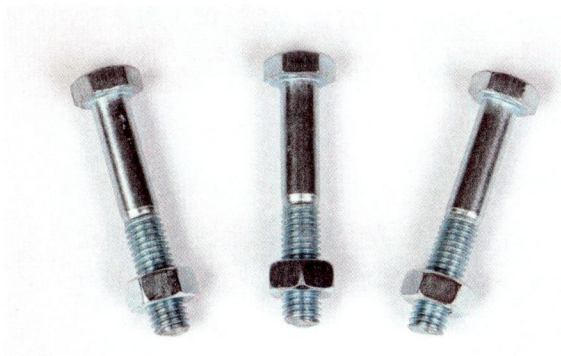

图 3-1-1

思 考

（1）为了使每天的产品刚好配套，"刚好配套"怎么理解？

（2）"螺钉配螺母"有什么数量关系？

（3）设安排 x 名工人生产螺钉，则生产的螺母的人数以及生产的螺钉总量和螺母总量用含 x 的代数式可分别怎样表示？

问题解决

解：设应安排 x 名工人生产螺钉，$(22-x)$ 名工人生产螺母。

根据螺钉数量与螺母数量的比为 1:2，列出方程

$$\frac{1200x}{2000(22-x)}=\frac{1}{2}$$

$$2000(22-x)=2\times1200x$$

解方程得，$x=10$

$22-x=12$

答：应安排 10 名工人生产螺钉，12 名工人生产螺母。

归 纳

在实际问题中，大家常见到一些配套组合问题，如螺钉与螺母的配套、盒身与盒底的配套等。解决这类问题的关键是成套的配备方式，根据此配备方式可知总量之间的比例关系，从而建立一元一次方程的模型，设

出未知数，根据配套关系列出方程，通过解方程来解决问题。

例题解析

例3-1-1 用白铁皮做罐头盒，每张铁皮可制盒身25个或盒底40个，一个盒身与两个盒底配成一套。现在有36张白铁皮，用多少张制盒身，多少张制盒底，可使盒身与盒底正好配套？

想一想

本题的配套关系是什么？盒身和盒底有什么数量关系？

解：设用 x 张白铁皮制盒身，$(36-x)$ 张制盒底，则共制盒身 $25x$ 个，共制盒底 $40(36-x)$ 个，根据题意，得

$2 \times 25x = 40(36-x)$

解得 $x=16$，$36-x=20$。

答：用16张制盒身，20张制盒底，正好使盒身与盒底配套。

方法提炼

列一元一次方程解应用题的步骤：

(1)仔细审题，找出能表示应用题全部含义的一个相等关系；

(2)设一个未知数，并根据等量关系列出一元一次方程；

(3)解这个方程，求出未知数的值；

(4)将答案代入方程检验；

(5)作答。

例3-1-2 一张方桌由1个桌面、4条桌腿组成，如果1 m³木料可以做桌面50个或桌腿300条，现有5 m³木料，那么用多少木料做桌面，多少木料做桌腿，做出的桌面和桌腿恰好配成方桌？能配成多少张方桌？

本题的配套关系是什么？桌面和桌腿有什么样的数量关系？

解：设用 x m³木料做桌面，$(5-x)$ m³木料做桌腿，则可做桌面 $50x$ 个，做桌腿 $300(5-x)$ 条。根据题意得，

$4 \times 50x = 300(5-x)$，

解得，$x=3, 5-x=2$。

答：用 3 m³木料做桌面，2 m³木料做桌腿，恰能配成方桌。共可做 150 张方桌。

列一元一次方程解应用题是初中学生首次接触的应用题，是学生学习的难点，这个难点突破的好不好直接关系到方程组的应用、不等式（组）的应用、分式方程的应用、函数的应用等应用题的学习，所以我们对一元一次方程应用题的学习都非常重视。除了重视之外，方法的引导尤为关键，而我们今天研究的就是如何把实际问题转化成数学问题，找出题目中的关于配套的等量关系，从而列出方程，使所求问题顺利解决。

练习与思考

1.某工地需要派48人去挖土和运土，如果每人每天平均挖土5方或运土3方，那么应该怎样安排人员，正好能使挖的土及时运走？

2.机械厂加工车间有85名工人，平均每人每天加工大齿轮16个或小齿轮10个，已知2个大齿轮与3个小齿轮配成一套，问需分别安排多少名工人加工大齿轮和小齿轮，才能使每天加工的大小齿轮刚好配套?

3.某厂生产一批西装，每2m布可以裁上衣3件或裤子4条，现有布料210m，为了使上衣和裤子配套，裁上衣和裤子应该各用多少布料?

3.2　数形结合：你能用面积表示乘法公式吗?

利用单项式乘法法则和乘法分配律我们可以推导得到多项式乘法法则，当两个具有特殊形式的多项式相乘时，可得到完全平方公式及平方差公式。事实上，我们借助面积表示，也可以探求出乘法公式。通过这个专题的学习，我们可以感受到数形结合在乘法公式推导及解决问题中的应用。

学习目标

◎ 会根据图形列出恒等式或者根据恒等式作出图形。

◎ 掌握用乘法公式解决较为复杂的问题的方法。

◎ 感受运用乘法公式解决复杂问题的优越性，体验数形结合的数学思想方法。

进度建议

在学习浙教版数学七年级下册"3.5　整式的化简"后研究这个课题。

实际问题

有一张边长为 a cm 的正方形桌面，因为实际需要，需将正方形桌面的边长增加 b cm，请你帮助木工师傅设计新的正方形桌面并给出拼接方案，同时用所学知识验证某个乘法公式。

实际思考

(1)边长增加 b cm 后，新的正方形桌面的边长是多少?

(2)正方形桌面的面积增加了多少?

(3)如何把增加的面积用代数式表示出来?

🔒 问题解决

新正方形桌面的拼接方案多样,例如有以下四种方案(图3-2-1),由这四个图形都能验证公式:$a^2 + 2ab + b^2 = (a+b)^2$。

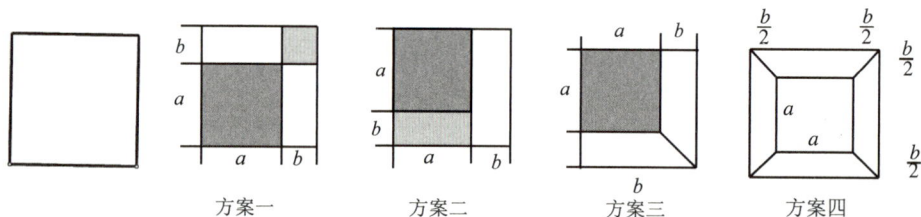

方案一　方案二　方案三　方案四

图3-2-1

验证方法如下:

方案一:

大正方形的面积可以看成两个正方形与两个长方形面积的和,即 $a^2 + ab + ab + b^2 = a^2 + 2ab + b^2$;大正方形的面积也可以根据边长为$(a+b)$直接求得,即为$(a+b)^2$。

故 $a^2 + 2ab + b^2 = (a+b)^2$。

方案二:

大正方形的面积可以看成一个正方形与两个长方形的面积和,即 $a^2 + ab + (a+b)b = a^2 + ab + ab + b^2 = a^2 + 2ab + b^2$;大正方形的面积也可以根据边长为$(a+b)$直接求得即为$(a+b)^2$。

故 $a^2 + 2ab + b^2 = (a+b)^2$。

方案三:

大正方形的面积可以看成一个正方形与两个梯形的面积之和,即 $a^2 + \dfrac{[a+(a+b)]b}{2} + \dfrac{[a+(a+b)]b}{2} = a^2 + ab + \dfrac{1}{2}b^2 + ab + \dfrac{1}{2}b^2 = a^2 + 2ab + b^2$;同理,大正方形的面积也可用$(a+b)^2$表示。

故 $a^2 + 2ab + b^2 = (a+b)^2$。

方案四:

大正方形的面积可以看成一个正方形和四个梯形的面积之和,即

$a^2+4\times\dfrac{[a+(a+b)]\times\dfrac{b}{2}}{2}=a^2+2ab+b^2$；同理，大正方形的面积也可以直接求得，即为$(a+b)^2$。

故$a^2+2ab+b^2=(a+b)^2$。

归 纳

用面积方法解决多项式乘法问题，一般可以从两个角度来表示同一个图形的面积。一方面，分别表示出图形的长和宽，直接写出面积的表示结果；另一方面把面积看成多个部分的面积和，再分别用代数式表示每部分的面积并求和，最后根据同一个图形的面积相等求等量关系。

例题解析

例3-2-1 数学活动课上，老师准备了若干张如图3-2-2所示的三种纸片，纸片A是边长为a的正方形，纸片B是边长为b的正方形，纸片C是长为a、宽为b的长方形。用1张纸片A、1张纸片B、2张纸片C，拼成如图3-2-3所示的大正方形。

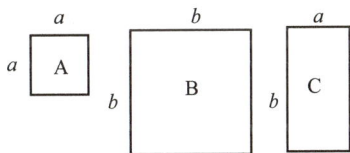
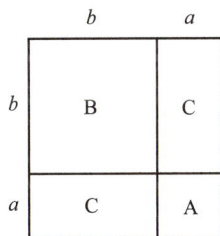

图3-2-2　　　　　图3-2-3

(1)观察图3-2-3，请你写出代数式$(a+b)^2$，a^2+b^2，ab之间的等量关系。

(2)请你用图3-2-2中的三种纸片拼一个图形，验证：$(a+b)(a+2b)=a^2+3ab+2b^2$。

(3)根据(1)题中的等量关系，解决如下问题：

①已知$a+b=5$，$a^2+b^2=11$，求ab的值；

②已知$(2019-a)^2+(a-2018)^2=5$，求$(2019-a)(a-2018)$的值。

(1)图3-2-3的长方形边长如何表示？你能用两种不同的方法表示它的面积吗？

(2)多项式$(a+b)(a+2b)$表示什么几何意义？$(a+b)$和$(a+2b)$可以分别理解为什么？

(3)①和②的内在联系是什么？

解：(1)由图3-2-3可得，大正方形的面积＝纸片A的面积＋纸片B的面积＋2×纸面C的面积，所以$(a+b)^2$，a^2+b^2，ab之间的等量关系为：$(a+b)^2=a^2+2ab+b^2$。

(2)如图3-2-4所示，$(a+b)(a+2b)=a^2+b^2+b^2+ab+ab+ab=a^2+3ab+2b^2$

(3)① $a+b=5$，

$(a+b)^2=25$，

即 $a^2+b^2+2ab=25$，

又 $a^2+b^2=11$，

故 $2ab=25-11=14$，

所以 $ab=7$。

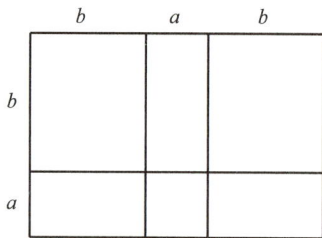

图3-2-4

也可以直接根据图3-2-3中的面积关系来解：由$a+b=5$得，图3-2-3中的大正方形的边长为5，所以其面积为$(a+b)^2=25$，由$a^2+b^2=11$得，图3-2-3中两个小正方形的面积和为11，所以两个长方形的面积$2ab=(a+b)^2-(a^2+b^2)=25-11=14$，所以$ab=7$。

②设$2019-a=x$，$a-2018=y$，则$x+y=1$，

由$(2019-a)^2+(a-2018)^2=5$得，

$x^2+y^2=5$，

$(x+y)^2=x^2+2xy+y^2$，即$1=5+2xy$，

故$xy=\dfrac{(x+y)^2-(x^2+y^2)}{2}=-2$，

即$(2019-a)(a-2018)=-2$。

方法提炼

(1)利用面积写出代数恒等式，用直接法和间接法两个不同的方法用代数式表示面积，然后根据两个代数式表示同一个面积，列出恒等式。

(2)根据图形的面积关系或对公式进行适当变形，可以根据已知条件求某些代数式的值。

例3-2-2 (1)根据图3-2-5，写出一个代数恒等式：_____。

(2)利用(1)中得到的结论，解决下面的问题：若$a+b+c=10$，$ab+ac+bc=35$，则$a^2+b^2+c^2=$_____。

(3)通过计算几何图形的体积也可以表示一些代数恒等式，图3-2-6表示的是一个边长为x的正方体挖去一个小长方体后重新拼成一个新长方体，请你根据图3-2-6中图形的变化关系，写出一个代数恒等式：_____ _____。

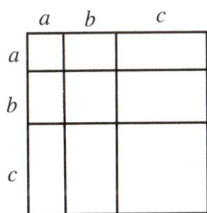

图3-2-5

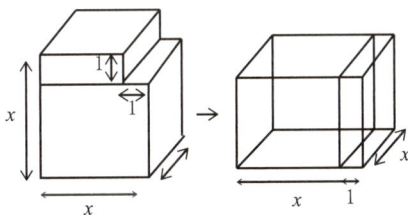

图3-2-6

想一想

(1)图3-2-5的正方形边长如何表示？能用两种不同的方法表示它的面积吗？

(2)图3-2-6中的两个几何体的体积分别如何表示？

解：(1)图3-2-5中正方形的面积既可以用$(a+b+c)^2$表示，也可以用$a^2+b^2+c^2+2ab+2ac+2bc$表示，

故答案为$(a+b+c)^2=a^2+b^2+c^2+2ab+2ac+2bc$。

(2)$(a+b+c)^2=a^2+b^2+c^2+2ab+2ac+2bc$，$a+b+c=10$，$ab+ac+bc=35$，

$10^2=a^2+b^2+c^2+2\times35$,

$a^2+b^2+c^2=100-70=30$,

故答案为30。

(3)图3-2-6中，原几何体的体积$=x^3-1\times1\cdot x=x^3-x$，新几何体的体积$=(x+1)(x-1)x$，

故答案为$x^3-x=(x+1)(x-1)x$。

方法提炼

(1)利用图形体积写出代数恒等式，先用不同的方法用代数式表示体积，然后根据两个代数式表示的是同一个体积，列出恒等式。

(2)根据图形的体积关系或公式进行适当变形，可以根据已知条件求某些代数式的值。

练习与思考

1. 图3-2-7是一个长为$4a$、宽为b的长方形，沿图中虚线用剪刀将其平均分成四个小长方形，然后用四个小长方形拼成一个"回形"正方形（图3-2-8）。

(1)观察图3-2-8，请你写出$(a+b)^2$，$(a-b)^2$，ab之间的等量关系：_____。

(2)根据(1)中的结论，若$a+b=5$，$ab=\dfrac{9}{4}$，则$a-b=$_____。

(3)若$(3a-2b)^2=5$，$(3a+2b)^2=9$，求ab的值。

(4)实际上通过计算图形的面积可以探求相应的等式。如图3-2-9所示，你有什么发现?_____。

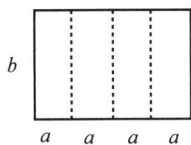
图3-2-7

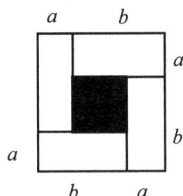
图3-2-8

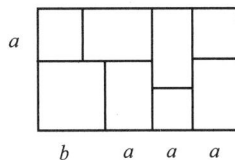
图3-2-9

2．通常情况下，用两种不同的方法计算同一个图形的面积，可以得到一个恒等式。

（1）如图3-2-10所示，根据图中阴影部分的面积可表示为_____，还可表示为_____，可以得到恒等式_____。

（2）类似地，用两种不同的方法计算同一个几何体的体积，也可以得到一个恒等式。图3-2-11所示是边长为$a+b$的正方体，被分割线分成8块。用不同方法计算这个正方体的体积，就可以得到一个恒等式，这个恒等式是_____。

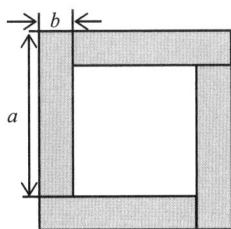
图3-2-10

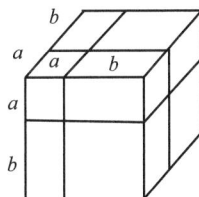
图3-2-11

3．如图3-2-12所示，有足够多的边长为a的小正方形（A类），长为a、宽为b的长方形（B类），以及边长为b的大正方形（C类），发现利用图①中的三种形状各若干个，可以拼出一些长方形来解释某些等式。

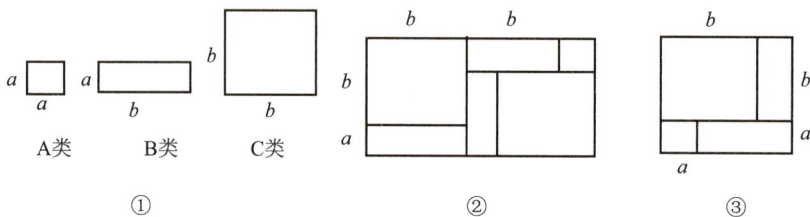

图 3-2-12

（1）仿照例子，图③可以解释的等式为：_____。

（2）取图①中的若干个（三种图形都要取到）图形拼成一个长方形，使它的长和宽分别为 $(2a+3b)$ 和 $(a+5b)$，不画图形，试通过计算说明需要 C 类卡片多少张。

（3）若取其中的若干个（三种图形都要取到）拼成一个长方形，使它的面积为 $2a^2+5ab+3b^2$，通过操作你会发现拼成的长方形的长是 ___，宽是 _____，将 $2a^2+5ab+3b^2$ 改写成乘积的形式为 _____。

3.3 因式分解法之再探索：如何分组分解?

"因式分解"是初中阶段的基础知识，是进一步学习代数的基本工具，它在代数式的恒等式变形、分式化简以及解方程中作用很大。在课堂中，我们已经学习了基本的因式分解方法，对于一些稍微复杂的代数式因式分解问题还需要寻找新的方法来解决。

学习目标

◎ 通过对因式分解问题的深入研究，进一步理解和掌握分组分解法。
◎ 能利用分组分解法完成简单的因式分解。
◎ 以所学因式分解方法为基础，掌握一些较复杂的因式分解问题的解决方法。

进度建议

在学习浙教版数学七年级下册"第4章　因式分解"之后研究这个课题。

实际问题

在学习过因式分解的一般方法后，黄老师给同学们布置了两道因式分解题目：

(1)$abc^2 - abd^2 - a^2cd + b^2cd$；(2)$x^2 + ax - y^2 + ay$。

小马虎先做第一题，可是在仔细观察式子后发现整个代数式的每一项虽然具有一定的相似性但是并不存在公因式，而且也不能用公式进行分解，唯一能做的就是进行如下分组：

(1)解:原式＝$ab(c^2-d^2)-cd(a^2-b^2)$

＝$ab(c-d)(c+d)-cd(a-b)(a+b)$

做到这一步他就无法继续了,于是又去做第二题,解法如下:

(2)解:原式＝$x(x+a)-y(y-a)$

做到这又做不下去了,于是他就匆匆得出结论:这两道题都不能因式分解。聪明的同学们,你们怎么看?

? 思 考

常见的因式分解都有哪些方法?在该问题中的代数式在形式上有哪些特点?你觉得可以用什么方法进行因式分解?

🔓 问题解决

(1)分析:因为第一项与第三项之比为$\dfrac{abc^2}{-a^2cd}=\dfrac{bc}{-ad}$,第四项与第二项之比为$\dfrac{b^2cd}{-abd^2}=\dfrac{bc}{-ad}$,这两个"比"相等,所以第一项与第三项为一组,第二项与第四项为另一组。故这两组的公因式为$(bc-ad)$。

解:原式＝$(abc^2-a^2cd)+(b^2cd-abd^2)$

＝$ac(bc-ad)+bd(bc-ad)$

＝$(bc-ad)(ac+bd)$

(2)分析:第一项和第三项可用平方差公式,即$x^2-y^2=(x+y)(x-y)$,第二项和第四项可提取公因式a,即$ax+ay=a(x+y)$,所以他们的公因式为$(x+y)$。

解:原式＝$(x+y)(x-y)+a(x+y)$

＝$(x+y)(x-y+a)$

🌀 归 纳

分组分解法是指通过分组分解的方式来解决提取公因式法和公式法无法直接分解的因式,分解方式一般分为"1+3"式和"2+2"式。分组的目的通常有两个：①构造组内的公因式而用连续提取公因式方法进行分解；②构造运用公式法所需要的数学结构。如果分组的目的是连续提取公因式，那么分组时各组的项数相等，且各组对应项之比相等。

●●● 例题解析

例3-3-1　分解因式：

(1)$mx + nx + my + ny - m - n$；

(2)$m^2 + 2mn + n^2 - m - n$。

(1)分析：因为第一、三、五项之比$mx{:}my{:}(-m)=x{:}y{:}(-1)$；第二、四、六项之比$nx{:}ny{:}(-n)=x{:}y{:}(-1)$，故这两组比相等，所以第一、三、五项为一组，第二、四、六项为另一组，两组的公因式为$(x+y-1)$。

解：原式$=(mx + my - m) + (nx + ny - n)$

$\qquad = m(x + y - 1) + n(x + y - 1)$

$\qquad = (x + y - 1)(m + n)$

(2)分析：前三项可用完全平方公式，最后两项可添加括号看成整体。

解：原式$=(m^2 + 2mn + n^2) - (m + n)$

$\qquad = (m + n)^2 - (m + n)$

$\qquad = (m + n)(m + n - 1)$

方法提炼

分组分解是因式分解的一种复杂方法，在分组时必须预见下一步能继续分解，而"预见"源于细致的观察和分析多项式的特点，恰当的分组是分组分解法的关键。

例3-3-2　分解因式$a^3 - b^3 + a^2 + ab - 2b^2$。

想一想

(1)因式分解过程中若要分组可以怎么分？(2)在解题过程中还利用到了哪些数学公式？

解：原式$=(a^3-b^3)+(a^2+ab-2b^2)$

$\qquad\quad=(a-b)(a^2+ab+b^2)+(a-b)(a+2b)$

$\qquad\quad=(a-b)(a^2+ab+b^2+a+2b)$

方法提炼

为了便于应用乘法公式，分组时可以两项为一组，也可以三项或者四项为一组，这时相应的公式有：

"两项一组"：$a^2-b^2=(a+b)(a-b)$

$\qquad\qquad\quad a^3\pm b^3=(a\pm b)(a^2\mp ab+b^2)$

"三项一组"：$a^2\pm 2ab+b^2=(a\pm b)^2$

$\qquad\qquad\quad x^2+(a+b)x+ab=(x+a)(x+b)$

"四项一组"：$a^3\pm 3a^2b+3ab^2\pm b^3=(a\pm b)^3$

实际解题时，可根据所要分解的多项式的特点灵活选用这些公式。

练习与思考

1.用分组分解法，把下列各式因式分解：

$(1)ax-ay+bx-by+ab+a^2$

$(2)a^4-4a^2+4ax-x^2$

2.用分组分解法分解下列因式：

(1)$a^2 - 2ab + b^2 - 6a + 6b$

(2)$a^3 + 3a^2b + 3ab^2 + b^3 - a^2 - 2ab - b^2$

3.思考代数式 $x^3 + 3x^2 - 4$ 能用分组分解法进行因式分解吗？请动手试试。若不能，则该用什么方法进行分解？

3.4 轴对称的应用：水泵站应建在哪里?

在我们的日常生活和生产实际中，会碰到一些工程问题，如铺设输水管、燃气管道等。为了节约成本，需要我们找到最短路径使得铺设经费最省。下面我们就来探究找到最短路径的方法。

学习目标

◎ 能根据要求准确作出对称图形，或者根据对称轴找出对称图形。
◎ 掌握运用轴对称的性质解决实际中距离最短问题的方法。
◎ 掌握数学学习中运用等量代换的方法，感受转化的思想在解决实际问题中的应用。

进度建议

在学习浙教版数学八年级上册"5.3 一次函数"之后研究这个课题。

实际问题

某乡镇为解决抗旱问题，要在河道边建一座水泵站，分别向河的同一侧张村和李村送水。经实地勘查后，工程人员设计图纸时，以河道上的大桥为坐标原点，以河道所在的直线为 x 轴建立直角坐标系(图3-4-1)。张村的坐标为 $A(2,3)$，李村的坐标 $B(12,7)$。

(1)若从节约经费的角度考虑，水泵站建在距离大桥多远的地方可使所

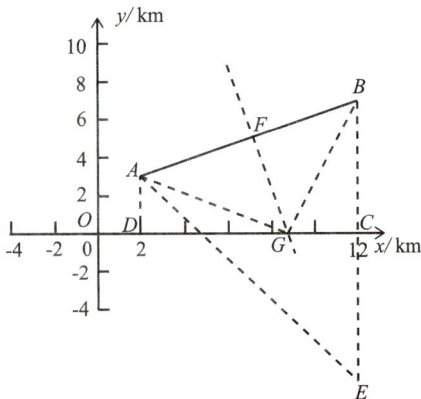

图3-4-1

用输水管道最短？

（2）水泵站建在距离大桥多远的地方，可使它到张村、李村的距离相等？

思 考

（1）若水泵建在P处，输水管的长度为$AP+BP$，当P在什么位置时，$AP+BP$最小？

（2）在图中动手画一画P的位置，怎样求出点P的坐标？

（3）动手画一画，水泵建在哪个位置它到张村、李村的距离相等？怎样求水泵到两村之间的距离？

问题解决

解：（1）如图3-4-1所示，作点B关于x轴的对称点E，连接AE，则点E的坐标为$E(12,-7)$，设直线AE的解析式为$y=kx+b$，将点$A(2,3)$和点$E(12,-7)$代入解析式中得$\begin{cases} 3=2k+b & ① \\ -7=12k+b & ② \end{cases}$，②-①得，$10k=-10$，解得$k=-1$，将$k=-1$代入①中得，$3=-2+b$，解得$b=5$，故原方程组的解为$\begin{cases} k=-1 \\ b=5 \end{cases}$，故直线$AE$的解析式为$y=-x+5$。当$y=0$时，$x=5$，即水泵站建在距离大桥$5\,km$的地方可使所用输水管道最短。

（2）如图3-4-1所示，作线段AB的垂直平分线GF，交AB于点F，交x轴于点G，设点G的坐标为$G(x,0)$，根据两点间距离公式得$AG=\sqrt{(x-2)^2+3^2}$，$BG=\sqrt{(x-12)^2+7^2}$，令$AG=BG$，解得$x=9$，故水泵站建在距离大桥$9\,km$的地方，可使它到张村、李村的距离相等。

归 纳

直线同侧的两个点与直线上一个点所连线段之和最小的问题，只要把同侧的其中一个点关于这条直线作轴对称变换，其对称点与另一点相连所得的线段的长度就是两条线段之和的最小值。

例题解析

例 3-4-1 如图 3-4-2 所示，在 Rt$\triangle ABC$ 中，$AC=BC=4$，D、E 分别是 AB、AC 的中点，在 CD 上找一点 P，使 $PA+PE$ 最小，求这个最小值是多少？

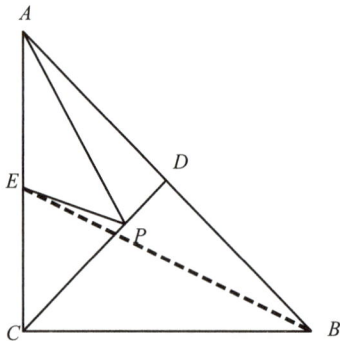

图 3-4-2

想一想

(1)图中 A、B 两点与 CD 所在的直线有什么位置关系？

(2)在图中画出当 $PA+PE$ 最小时点 P 的位置。

解：如图 3-4-2 所示，连接 BE，则 BE 就是 $PA+PE$ 的最小值。

Rt$\triangle ABC$ 中，$AC=BC=4$，D、E 分别是 AB、AC 的中点，

故 $CD \perp AB$，$AD=BD$，即 A、B 两点关于直线 CD 对称，$CE=2$，

$BE=\sqrt{20}$，

$PA+PE$ 的最小值是 $\sqrt{20}$。

方法提炼

直线同侧的两个点与直线上一个点所连线段之和最小的问题，当其中一个点的对称点在图已有，只要直接连接对称点和另一点即可，这条线段的长度就是所求的线段之和的最小值。

例3-4-2 如图3-4-3所示，在锐角△ABC中，AB=6，∠BAC=45°，∠BAC的平分线交BC于点D，M、N分别是AD和AB上的动点，则BM+MN的最小值是多少？

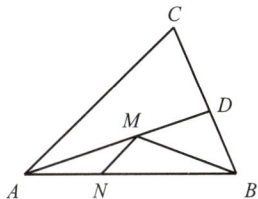

图3-4-3

想一想

(1)图中B、M、N三个点中，只有B是定点，M、N都是动点，根据已知信息把哪个点看作定点就可以转化为"将军饮马"问题？

(2)在上图中请作出N关于直线AD的对称点H，连接BH，当点H在AC上何处时线段BH最短？

解：如图3-4-4所示，作BH⊥AC，垂足为H，交AD于M，过M作MN⊥AB，垂足为N，则BM+MN为所求的最小值。

因为AD是∠BAC的平分线，

所以MH=MN，

BM+MN=BM+MH=BH（垂线段最短），

又AB=6，∠BAC=45°，

故BH=$\sqrt{18}$=$3\sqrt{2}$

即BM+MN的最小值是$3\sqrt{2}$。

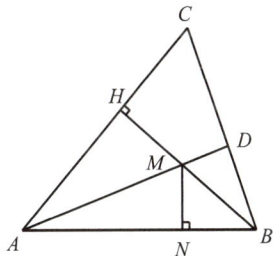

图3-4-4

方法提炼

两个动点问题可以先把一个动点当作定点，以静制动，然后把两条线段之和最小转化为垂线段最短来解决。

✎ 练习与思考

1.如图3-4-5所示,要在街道旁修建一个奶站,向居民区 A 和 B 提供牛奶,奶站应建在什么地方,才能使从 A、B 到它的距离之和最短?

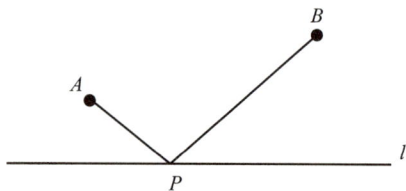

图 3-4-5

2.如图 3-4-6 所示,∠ABC 内有一点 P,在 BA、BC 上各取一点 P_1、P_2,使△PP_1P_2 的周长最小。

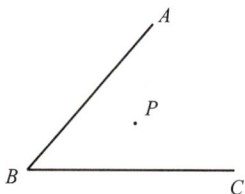

图 3-4-6

3.如图 3-4-7 所示,四边形 ABCD 中,∠BAD=120°,∠B=∠D=90°,在 BC、CD 上分别找一点 M、N,当△AMN 的周长最小时,求∠AMN+∠ANM 的度数。

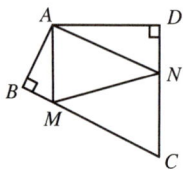

图 3-4-7

3.5　用不等式解决问题：谁将最后一个出线？

在F队与E队的比赛还剩8 s时，E队得78分，F队得88分，球权在E队，这时坐在电视机前观看比赛的一位球迷开始欢呼："C队出线了！"你知道他是怎么判断的吗？

学习目标

◎ 探索男子篮球赛各队小组出线的过程，归纳建立不等式模型的一般方法。
◎ 感受一元一次不等式解决具有不等关系问题的优越性，体会不等式是解决实际问题的有效数学模型。
◎ 能用不等式模型解决一些简单的数学问题。

进度建议

在学习浙教版数学八年级上册"3.4　一元一次不等式组"之后研究这个课题。

实际问题

某年男子篮球赛上，C队与A队、B队、D队、E队、F队同分在C组。在小组赛阶段，A队、B队、D队三队相继出线后，C组就只剩一个出线名额，此时，C队以83∶73胜F队，76∶84负E队。小组赛最后一轮比赛，F队对E队，最终F队胜E队，E队得79分。那么两队的分差为多少时C队才能获得出线名额呢？

❓ 思 考

因为F队胜E队，C队、E队、F队三队得分相同，所以将比较三个队相互比赛的总得失分率的大小，总得失分率最高者获得小组出线名额。总得失分率的大小比较可以运用哪种模型来刻画呢？用一元一次不等式组解决实际问题需要经历哪些步骤？

🔒 问题解决

C组球队	C队		E队		F队		得分总数	失分总数	得失分率
C 队			76	84	83	73	159	157	159/157
E 队	84	76			79	$79+x$	163	$155+x$	$163/(155+x)$
F 队	73	83	$79+x$	79			$152+x$	162	$(152+x)/162$

解：设F队与E队的分差为x分$(x>0)$。由此，三队的总得失分率如下：

C队的总得失分率为$\dfrac{83+76}{73+84}=\dfrac{159}{157}$；

F队的总得失分率为$\dfrac{79+x+73}{83+79}$；

E队的总得失分率为$\dfrac{79+84}{79+x+76}$。

要使C队出线，则必须有$\dfrac{79+x+73}{83+79}<\dfrac{159}{157}$，且$\dfrac{79+84}{79+x+76}<\dfrac{159}{157}$。

因为$79+x+76>0$，由不等式的性质得

$$\begin{cases} 79+x+73<\dfrac{159}{157}\times(83+79) \\ 79+x+76>\dfrac{157}{159}\times(79+84) \end{cases}$$
，解得$\dfrac{946}{159}<x<\dfrac{1894}{157}$。

故当分差在$6\leqslant x\leqslant 12$（x是整数）时，C队出线。

◎ 归 纳

(1)当问题中出现不等关系时，运用不等式解决实际问题，确立适当

的不等式模型。

(2)列不等式解决问题的步骤：

①审：分清已知量、未知量及其数量关系。

②找：由数量关系找出问题中的不等关系。

③设：设适当的未知数。

④列：根据题中的不等关系，列出不等式组。

⑤解：解所列不等式组，求出不等式组的解集并检验。

⑥答：由不等式组的解集确定问题的解并作答。

例题解析

例3-5-1 某射击运动员在一次比赛中前7次射击共中62环，如果他要打破90环的记录(10次射击)，第8次射击不能少于多少环?

> **想一想**
>
> 第8次射击不能少于多少环是什么意思? 与最后2次射击有什么关系?

解：设第8次射击中 x 环。

由于最后2次射击最多击中20环，要破纪录则需要

$62 + x + 20 > 90$

解得 $x > 8$

答：第8次射击不能少于9环才有可能破纪录。

> **方法提炼**
>
> 利用一元一次不等式分析比赛时，要分清已知量、未知量及其关系，找出题中的不等关系，尤其要抓住题设中的关键字眼"大于""小于""不少于""不大于"等的含义。

例3-5-2 有甲、乙、丙、丁四个队分在同一小组进行单循环足球比赛，争夺出线权。比赛规则规定：胜一场得3分，平一场得1分，负一场得0分，小组中名次在前的两个队出线。小组赛结束后，甲队的积分是7分，那么甲队的战绩是几胜、几平、几负？甲队能否出线？

想一想

题目中的数量关系是什么？应如何设元？怎么样列不等式？

解：四个队进行单循环足球比赛，每两个队间只比赛1次，每个队和其他队比赛3次。

设甲队胜 x 场，平 y 场，则有

$$\begin{cases} x+y \leqslant 3 \\ 3x+y=7 \end{cases}，将 y=7-3x 代入 x+y \leqslant 3，解得：x=2, y=1。$$

答：甲队的战绩是2胜、1平、0负，甲队能出线。

方法提炼

利用不等式分析比赛时，要找出题目中的数量关系和不等关系，寻找未知量之间的关系，精准设元，在求解过程中可将二元一次方程转化代入不等式，从而得到一元一次不等式，求得结果。

练习与思考

1.某次班级进行飞镖大赛，明明在比赛中前6次共获得54环，第7次的成绩是8环，如果他要打破91环的记录（10次机会），最后三次投飞镖要有几次命中10环？

2.足球比赛的积分规则是：胜一场得3分，平一场得1分，负一场得0分。某队打了16场比赛，共得24分，那么这个队至少胜了几场？

3.学校组织篮球比赛，只剩下一个出线名额，此时一班以8∶3胜二班，4∶6负三班，且二班战胜了三班，三班得分1分，那么二班与三班的分差为多少时一班才能出线？

3.6 "玩"转正方形：这两个三角形全等吗？

正方形是一种在生活中有着广泛应用的几何图形，相较于一般的四边形，它蕴含着更多值得探究的特殊性质，比如四条边相等、四个内角相等、两条对角线相等且互相垂直等。本课将运用正方形的性质，深入挖掘两个正方形在旋转过程中存在的特殊线段关系与面积定值。

学习目标

◎ 探索用正方形的性质求两个正方形旋转过程中存在的线段关系与面积定值的方法。
◎ 探索两个正方形旋转后的线段关系、面积定值，感悟转化的数学思想。
◎ 掌握正方形在旋转过程中产生的数学模型相关知识并用来解决实际问题。

进度建议

在学习浙教版数学八年级下册"5.3 正方形"之后研究这个课题。

实际问题

（1）已知正方形 $ABCD$ 与正方形 $DEFG$ 按如图 3-6-1 所示位置摆放，线段 AE 与 CG 有何关系？尝试探究并说明理由。

（2）图 3-6-1 中的正方形 $ABCD$ 保持不动，将正方形 $DEFG$ 绕点 D 按逆时针旋转到图 3-6-2 所示位置，此时线段 AE 与 CG 有何关系？与你在（1）中发现的关系一样吗？尝试探究并说明理由。

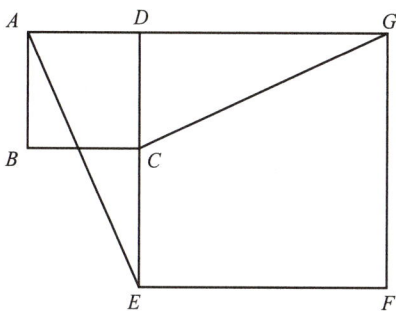
图 3-6-1

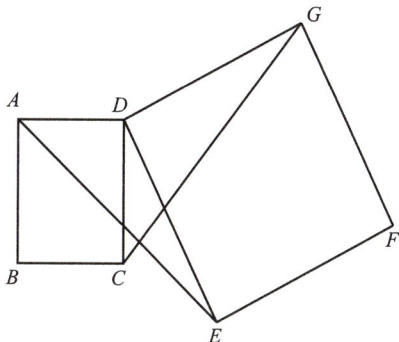
图 3-6-2

思考

(1)两条线段之间可能会有哪些方面的关系?

(2)探究几何结论,可以用先猜后证的方法,你觉得线段 AE 和 CG 之间存在怎样的关系?

问题解决

(1)从线段的长度和相互间的位置两个方面研究线段 AE 和 CG 间的位置关系,可以得到 $AE=CG$ 且 $AE \perp CG$,理由如下:

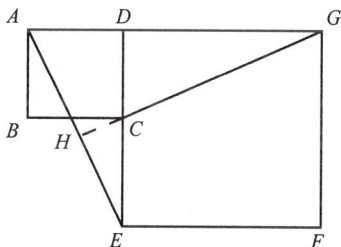
图 3-6-3

四边形 $ABCD$ 和 $DEFG$ 是正方形,

故 $AD=DC$, $\angle ADE=\angle CDG=90°$, $DE=DG$,

所以 $\triangle ADE \cong \triangle CDG$(SAS),

$AE=CG$(全等三角形对应边相等),

$\angle AED=\angle DGC$(全等三角形对应角相等)。

延长 GC 交 AE 于点 H,如图 3-6-3 所示。

由 $\angle EAD+\angle AED=\angle DCG+\angle DGC=90°$ 得,

$\angle EAD+\angle DGC=90°$,

$\angle AHG=180°-90°=90°$,

故 $AE \perp CG$。

(2)线段AE与CG的关系同(1)，即仍有$AE=CG$且$AE\perp CG$，理由如下：

四边形$ABCD$和$DEFG$是正方形（见图3-6-4），

故$AD=DC$，$\angle ADE=\angle CDG=90°+\angle CDE$，$DE=DG$，

所以$\triangle ADE\cong\triangle CDG$(SAS)，

$AE=CG$(全等三角形对应边相等)，

$\angle EAD=\angle GCD$(全等三角形对应角相等)。

因为$\angle EAD+\angle AID=90°$，

$\angle AID=\angle CIJ$(对顶角)，

所以 $\angle GCD+\angle CIJ=\angle EAD+\angle AID=90°$，

$\angle IJC=180°-90°=90°$，

故$AE\perp CG$。

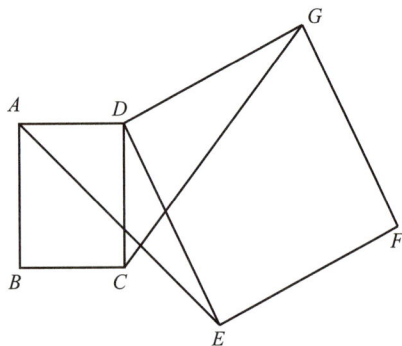

图3-6-4

🌀 归 纳

(1)几何图形间的关系一般有数量关系和位置关系两个方面，因此探索两条线段间的关系可以从它们的长度、位置两方面着手。

(2)在正方形的旋转过程中，正方形的位置虽然不断发生变化，但是正方形的边相等和角为90°的条件始终不变，因此构成的三角形始终全等，从而对应的线段和对应角始终相等。

💬 例题解析

例3-6-1　如图3-6-5所示，已知正方形$ABCD$，点E是线段AC上一动点，以DE为边在DE的右侧作正方形$DEFG$，思考线段CE、AC与CG的长度之间有什么关系？

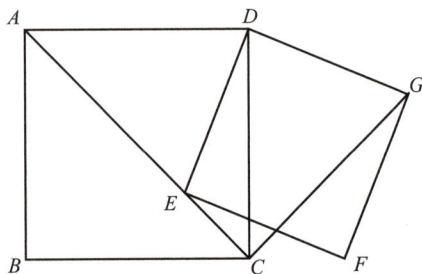

图3-6-5

想一想

如何利用正方形的性质实现三条线段的转化？

解：四边形$ABCD$和$DEFG$是正方形，

故$AD=DC$，$\angle ADC=\angle EDG=90°$，$DE=DG$，

因为$\angle ADE+\angle EDC=\angle EDC+\angle CDG=90°$，

所以$\angle ADE=\angle CDG$。

在$\triangle ADE$与$\triangle CDG$中，

$$\begin{cases} AD=DC \\ \angle ADE=\angle CDG \\ DE=DG \end{cases}$$

故$\triangle ADE\cong\triangle CDG$(SAS)，

$AE=CG$(全等三角形对应边相等)，

$AC=CE+CG$。

方法提炼

　　在解决复杂正方形旋转问题时，可以类比两个正方形的常规旋转，联想解决常规旋转问题时的方法和固有规律，即抓住定量——旋转过程中正方形的边和角的关系始终不变，两个全等的三角形始终存在。

例3-6-2　如图3-6-6所示，正方形$ABCD$不动，将正方形$DEFG$绕点D按逆时针方向旋转任意角度，连结AG和CE，判断$\triangle ADG$与$\triangle DCE$面积的大小关系，并说明理由。

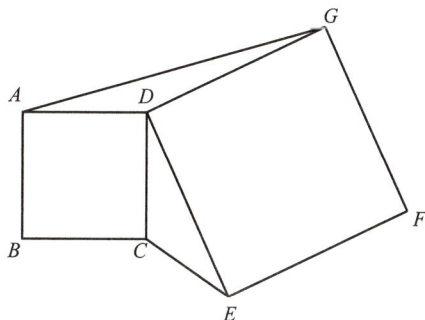

图3-6-6

如何利用正方形的性质实现面积关系的转化？

解：分别作边 AD 上的高 GM，作边 CD 上的高 EN，

四边形 $ABCD$ 和 $DEFG$ 是正方形，

故 $DE=DG$，$AD=CD$，$\angle ADC=\angle EDG=90°$，

因为 $\angle CDE+\angle EDM=90°$，$\angle GDM+\angle MDE=90°$，

所以 $\angle NDE=\angle GDM$，

在 $\triangle NDE$ 与 $\triangle DMG$ 中，

$$\begin{cases} \angle NDE=\angle GDM \\ \angle DNE=\angle DMG=90° \\ \quad DE=DG \end{cases}$$

故 $\triangle NDE \cong \triangle DMG$（SAS），

$GM=EN$（全等三角形对应边相等），

因为 $S_{\triangle ADG}=\dfrac{1}{2}\times AD \times GM$，$S_{\triangle DCE}=\dfrac{1}{2}\times DC \times EN$，

$AD=CD$，$GM=EN$，

所以 $S_{\triangle ADG}=S_{\triangle DCE}$

研究两个正方形旋转过程中，三角形的面积不变性问题，关键是将其转化为研究线段之间的关系，把握住正方形边长相等所引申出的三角形底边相等的重要条件，再探究出两个全等三角形，证明高线相等，进而得出三角形面积不变的结论。

练习与思考

1.已知正方形 $ABCD$（见图3-6-7），点 E 是线段 AC 延长线上的一个动点，以 DE 为边作正方形 $DEFG$，线段 CE、AC、CG 的长度之间有什么关系？

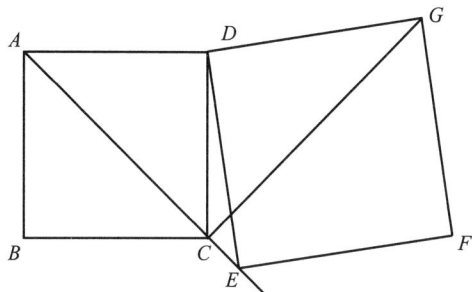

图 3-6-7

2. 正方形 $ABCD$ 不动，将正方形 $OEFG$ 绕点 O 逆时针旋转一个角 $\alpha(0 \leqslant \alpha \leqslant 90°)$，交 CD 于点 M，交 AD 于点 N，如图 3-6-8 所示，求四边形 $OMDN$ 的面积与正方形 $ABCD$ 面积的数量关系，并说明理由。

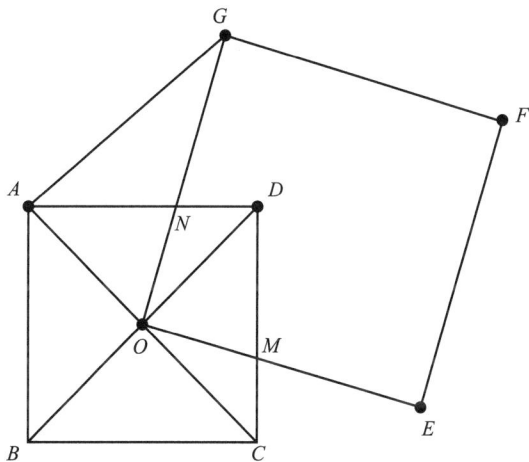

图 3-6-8

3.7 圆的妙用：如何巧构辅助圆？

圆是最简单、最常见的一种曲线，它具有许多优美的性质，一些数学问题表面上看似乎与圆没有联系，但如果细心观察，类比想象，就能发现其中蕴含圆的相关知识，比如圆的旋转不变性、圆心角、弦、弦心距等。

学习目标

◎ 掌握判断构造辅助圆需满足的基本条件的方法。
◎ 能从复杂的图形中建构出构造辅助圆所需要的条件并构造辅助圆。
◎ 能利用辅助圆求解问题。

进度建议

在学习浙教版数学课本"3.7 正多边形"之后研究这个课题。

实际问题

如图3-7-1所示，在△ABC中，AB＝AC，点D为∠BAC内一点，且AB＝AD。

（1）若∠DAC＝25°，∠BAD＝75°，分别求出∠BDC、∠1和∠2的度数。

（2）若∠ABC＝α，你能用含有α的代数式表示∠BDC吗？

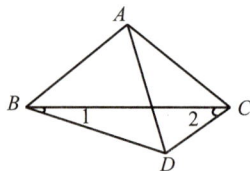

图3-7-1

思考

（1）条件中的线段AB、AC、AD有哪些共同点？

(2)能否构造辅助圆解决问题?

🔓 问题解决

从条件中,可以得到线段 AB、AC、AD 有以下共同点:

①它们有一个公共的端点 A;

②这三条线段等长。根据圆的定义,可以作一个以点 A 为圆心、AB 为半径的圆,此时点 B、C、D 都在这个圆上(图3-7-2)。

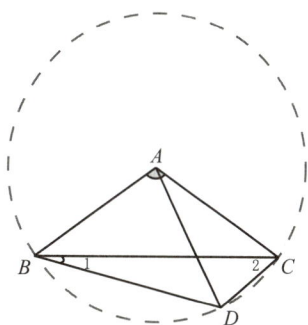

图 3-7-2

(1)由条件可得 $\angle BAC=100°$,则 $\angle BDC=180°-\frac{1}{2}\angle BAC=130°$,$\angle 1=\frac{1}{2}\angle DAC=12.5°$,$\angle 2=\frac{1}{2}\angle BAD=37.5°$。

(2)当 $\angle ABC=\alpha$ 时,可得 $\angle BAC=180°-2\alpha$,则 $\angle BDC=180°-\frac{1}{2}\angle BAC=90°+\alpha$。

🌀 归 纳

(1)构造辅助圆需要两个条件:①共端点;②等长线段。

(2)通过圆心角、圆周角、弧三者之间的关系,能巧妙地解决一些几何问题。

(3)当共端点的三条等长线段处于特殊位置时,会得到以下图形:

①如图3-7-3所示,如果其中两条等长线段在同一直线上,则构成直角三角形与圆;

②如图3-7-4所示,如果每两条等长线段的夹角为120°,则构成正三角形与圆。

有两条线段共线时，直角三角形

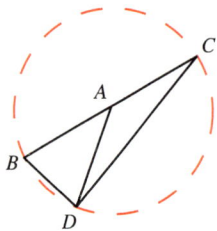

图 3-7-3

均分周角时，正三角形

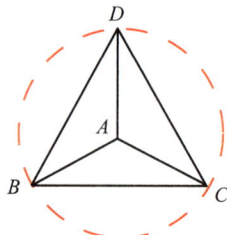

图 3-7-4

例题解析

例 3-7-1 如图 3-7-5 所示，四边形 $ABCD$ 是矩形，$\triangle ACE$ 是以 AC 为斜边的直角三角形，连结 BE、ED，求证：$BE \perp ED$。

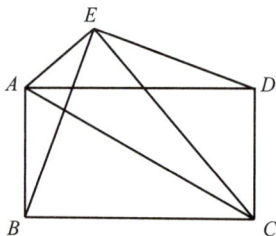

图 3-7-5

想一想

本问题中，能不能通过找到共端点的等长线段来构造辅助圆？

解： 连结 BD 交 AC 于点 O，线段 OA、OB、OC、OD 满足共端点且等长，故可作以点 O 为圆心、OA 为半径的辅助圆，如图 3-7-6 所示。

$\triangle ACE$ 是以 AC 为斜边的直角三角形，O 为 AC 的中点，$OE = OA$，

故点 E 在辅助圆 $\odot O$ 上，

因为 BD 是 $\odot O$ 的直径，

所以 $\angle BED = 90°$，即 $BE \perp ED$。

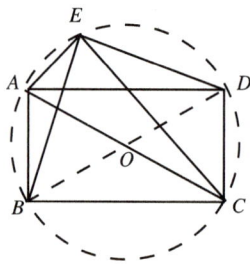

图 3-7-6

当共端点的等长线段增加至四条时，如果除共同的端点外的另外四个端点在两条相交直线上，那么它们能构成一个矩形，则可以利用矩形与圆来解决问题。

例3-7-2 如图3-7-7所示，将矩形 $ABCD$ 的四个角向内折起，恰好拼成一个无缝隙、无重叠的四边形 $EFGH$。

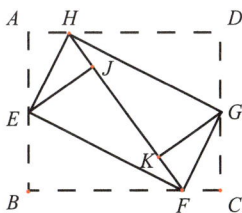

(1)求证：①点 E、G 分别是 AB、CD 的中点；

②四边形 $EFGH$ 是矩形。

(2)若 $AB < AD$，你能确定点 H 的位置吗？说说你的想法。

图3-7-7

(1)线段的中点有什么性质？

(2)矩形的判定方法有哪些？

解： (1)①因为折叠恰好拼成一个无缝隙、无重叠的四边形 $EFGH$，

所以 $EA = EJ = EB$，$GD = GK = GC$

故点 E、G 分别是 AB、CD 的中点。

②因为折叠恰好拼成一个无缝隙、无重叠的四边形 $EFGH$，

所以 $\angle AEH = \angle JEH$，$\angle BEF = \angle JEF$，

又 $\angle AEH + \angle JEH + \angle BEF + \angle JEF = 2(\angle JEH + \angle JEF) = 2\angle HEF = 180°$，

故 $\angle HEF = 90°$。

同理可得，$\angle EFG = \angle HGF = 90°$，

所以四边形 $EFGH$ 是矩形。

(2)连结 EG，取中点 O，以 O 为圆心、OE 为半径作圆，与矩形 $ABCD$ 有四个交点，即可找到点 H（图3-7-8）。

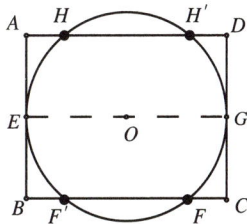

图3-7-8

在一些矩形问题中，除了用已学的矩形相关定理解决问题，还可通过构造辅助圆，用圆的基本性质来解决问题。

练习与思考

1.如图3-7-9所示，在正五边形$ABCDE$中，AD、BD为对角线，求$\angle ADB$的度数。你有多少种方法？哪种方法更简便？

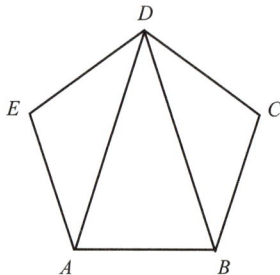

图3-7-9

2.将问题中的点D改为平面内一点，其余条件不变，用含有α的代数式表示$\angle BDC$。

3.如图3-7-10所示，已知AB是半径为1的⊙O的一条弦，且$AB=a<1$，以AB为一边在⊙O内作等边$\triangle ABC$，D为⊙O上不同于点A的一点，且$DB=AB=a$，DC的延长线交⊙O于点E，求AE的长。

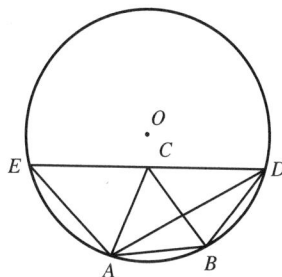

图3-7-10

3.8 探索共边三角形:如何求共边三角形的面积?

在初中几何学习中，我们已经探索了全
等三角形、相似三角形。但是，两个三角形
之间的关系却不仅仅只有全等与相似这两种。
譬如，构造一个任意四边形，并连接其对角
线(图3-8-1)，我们可以得到许多三角形，通
过观察可以发现，这里一般没有全等三角形，
也没有相似三角形，但是却存在许多有一条

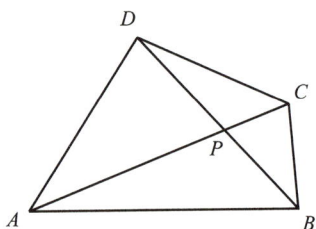

图3-8-1

公共边的三角形。对于这样的三角形，我们如何用数学的语言进行描述
呢？它们又具有什么有趣又实用的性质呢？

学习目标

◎ 理解共边三角形的概念，能够判断两个三角形是共边三角形。
◎ 探索共边三角形的性质，掌握构造辅助线证明共边定理的步骤与
  方法。
◎ 学会用共边定理解决实际问题，体验共边定理的魅力。

进度建议

在学习浙教版数学课本九年级上册"4.5 相似三角形的性质及其应
用"之后研究这个课题。

实际问题

观察图3-8-2中的两对三角形△BDC与△BEC，△ABC与△ABE，
从边的角度思考，说一说它们之间存在什么联系？找一找还有哪些三角形

满足这样的关系?

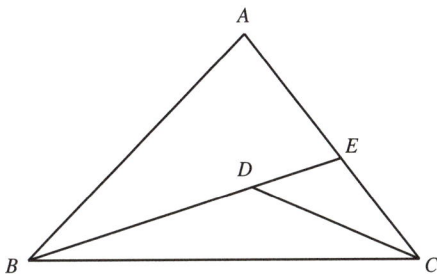

图 3-8-2

思 考

(1)观察这两对三角形,它们分别有几个相同的顶点?由此发现它们分别有什么元素是相同的?

(2)满足某种特征的三角形,怎样找能做到不遗不漏?

问题解决

解:以 AB 为共边:$\triangle ABC$,$\triangle ABE$;

以 BC 为共边:$\triangle BCD$,$\triangle BCE$,$\triangle BCA$;

以 CD 为共边:$\triangle BCD$,$\triangle CDE$;

以 CE 为共边:$\triangle CED$,$\triangle CEB$;

以 BE 为共边:$\triangle BEA$,$\triangle BEC$。

归 纳

图 3-8-1 中存在着许多有一条公共边的三角形,我们把像这样的有一条公共边的两个三角形叫作共边三角形。

例题解析

例 3-8-1 如图 3-8-3 所示,$\triangle PAB$ 与 $\triangle QAB$ 是共边三角形。

(1)如图 3-8-4 所示,$\triangle PAB$ 的高 PD 为 $6\,\mathrm{cm}$,$\triangle QAB$ 的高 QE 为 $3\,\mathrm{cm}$,

则△PAB的面积是△QAB面积的多少倍?

(2)如图3-8-5所示，连结PQ并延长，与AB延长线交于点M。若线段PM长度为10 cm，QM长度为5 cm，则△PAB的面积是△QAB面积的多少倍?

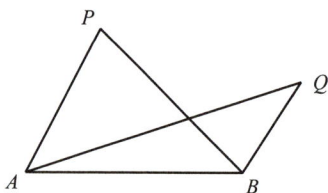

图3-8-3

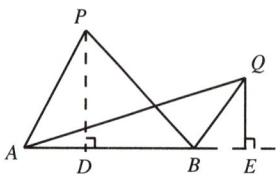

图3-8-4

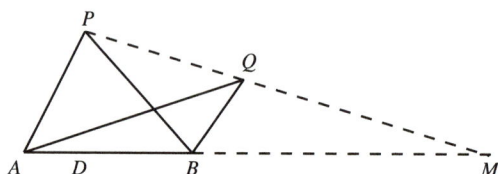

图3-8-5

(3)改变线段PM与QM的长度，观察线段PM与QM的比值与三角形面积的比值之间存在什么联系，由此你猜想共边三角形具有什么性质?

想一想

(1)同底的两个三角形的面积之比与高线之比存在什么联系?

(2)线段PM与QM长度的比值与三角形的交线比之间存在什么联系?

解：(1)同底的两个三角形的面积之比等于高线长之比，可由面积公式推出：

$$S_{\triangle ABP} = \frac{1}{2} \times AB \times PD, \ S_{\triangle ABQ} = \frac{1}{2} \times AB \times QE,$$

又 $AB = AB$（两个三角形公共边），

故 $\dfrac{S_{\triangle ABP}}{S_{\triangle ABQ}} = \dfrac{PD}{QE} = \dfrac{6}{3} = 2$。

（2）作 $PD \perp AB$，$QE \perp BM$，如图 3-8-6 所示，

易知 $\triangle PDM \backsim \triangle QEM$

$\dfrac{PD}{QE} = \dfrac{PM}{QM}$,

由上题可知，$\dfrac{S_{\triangle ABP}}{S_{\triangle ABQ}} = \dfrac{PD}{QE} = \dfrac{PM}{QM} = \dfrac{10}{5} = 2$。

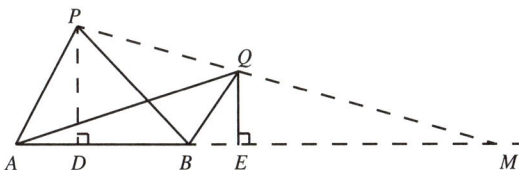

图 3-8-6

（3）共边三角形 $\triangle PAB$ 与 $\triangle QAB$ 的面积之比和线段 PM 与 QM 的长度之比相等。

猜想：共边三角形的面积之比，等于共边所对的两个三角形的顶点到共边所在直线与顶点连线所在直线的交点的距离之比。

方法提炼

（1）在探索共边三角形面积之比与线段之比的关系时，我们需要结合公共边与三角形的面积公式进行探究。

（2）我们把共边三角形的面积之比等于共边所对的两个三角形的顶点到共边所在直线与共边所对顶点连线的交点的距离之比，称为共边定理。用数学语言表示如下：

已知 $\triangle PAB$ 和 $\triangle QAB$ 为共边三角形，M 为点 P、Q 的连线所在直线与直线 AB 的交点（图 3-8-7），则有

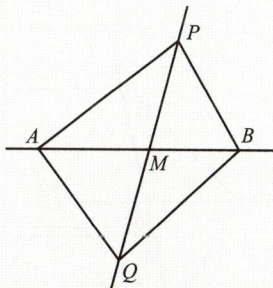

图 3-8-7

$\dfrac{S_{\triangle ABP}}{S_{\triangle ABQ}} = \dfrac{PM}{QM}$

例 3-8-2 设直线 AB 与 PQ 交于点 M，试证明共边定理：

$$\frac{S_{\triangle ABP}}{S_{\triangle ABQ}} = \frac{PM}{QM}$$

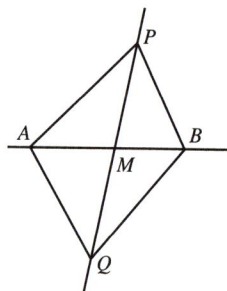

图 3-8-8

想一想

满足题意的情形有几种？在不同情形的证明过程中存在什么共性的规律？

证明：可分为以下四种情形：

(1) P、Q 在直线 AB 的两侧，A、B 在直线 PQ 的两侧，如图 3-8-9(a) 所示。

(2) P、Q 在直线 AB 的同侧，A、B 在直线 PQ 的两侧，如图 3-8-9(b) 所示。

(3) P、Q 在直线 AB 两侧，A、B 在直线 PQ 同侧，如图 3-8-9(c) 所示。

(4) P、Q 在直线 AB 同侧，A、B 也在直线 PQ 同侧，如图 3-8-9(d) 所示。

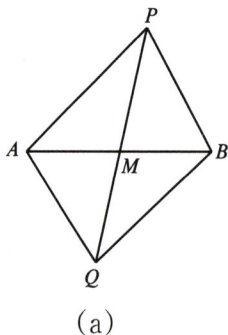

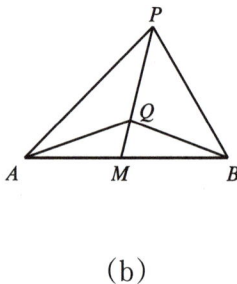

（a）　　　　　　　　　　　（b）

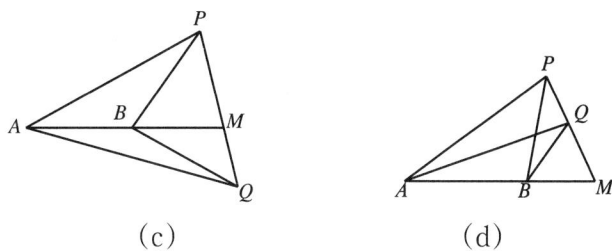

（c） （d）

图 3-8-9

在图 3-8-10 中，分别作 $PD\perp AB$，$QE\perp AB$，得图 3-8-10。

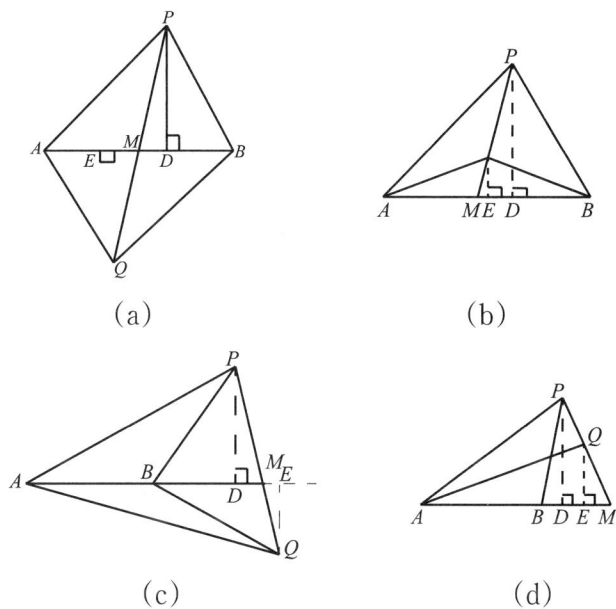

（a） （b）

（c） （d）

图 3-8-10

上面四种情形中均有 $\triangle PDM \backsim \triangle QEM$，

故 $\dfrac{PD}{QE} = \dfrac{PM}{QM}$，

$\dfrac{S_{\triangle ABP}}{S_{\triangle ABQ}} = \dfrac{PD}{QE} = \dfrac{PM}{QM}$，

定理得证。

方法提炼

　　在证明共边定理的过程中，我们需要利用两个三角形有公共底的特点，通过作高线构造相似三角形实现从 PM 与 QM 的比值到高线比值的变化，最终得到面积比值与 PM 与 QM 比值的联系。

练习与思考

　　1.如图3-8-11所示，设△ABC的两边 AB、AC 的中点分别是 M、N，线段 BN 和 CM 交于点 P，求证：$CP=2PM$.

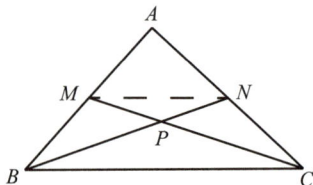

图3-8-11

　　2.如图3-8-12所示，△ABC 的面积等于25，$AE=ED$，$BD=2DC$，则△AEF 与△BDE 的面积之和等于_____，四边形 $CDEF$ 的面积等于_____。

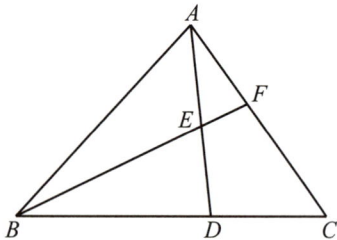

图3-8-12

3.9 用图像解决代数问题：这个方程有解吗？

　　函数、方程、不等式是初中阶段的重要知识，是学习代数、几何知识，渗透数形结合思想、建模思想的重要前提。函数与方程在书写形式上有相似之处，方程与不等式在书写形式上也有相同点。一元二次方程只有一个未知数，而二次函数有两个变量，在求函数图像点的坐标时，我们往往将其中一个变量的值确定下来，这样只剩一个变量，我们会发现，它转化为了一个一元二次方程。本课将借助二次函数图像，运用数形结合的思想方法，进一步探究函数与方程、不等式的关系。

学习目标

◎ 进一步理解一元二次方程与函数的关系。

◎ 会利用函数图像解一元二次不等式。

◎ 掌握数形结合的方法，会利用函数图像交点个数推断一元二次方程解的情况。

进度建议

　　在学习浙教版数学九年级上册"1.2　二次函数的图象"之后研究这个课题。

实际问题

　　在学习二次函数的图像知识后，老师给出下面的问题：

　　已知二次函数 $y = ax^2 + bx + c$ 的图像（图3-9-1），问：

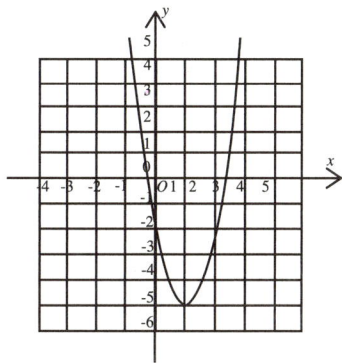

图3-9-1

(1)一元二次方程 $ax^2+(b-\frac{1}{2})x+c=0$ 有解吗？如果有，有几个解？

(2)一元二次不等式 $ax^2+(b+2)x<0$ 有解吗？如果有，请求出它的解。

思 考

你能对所给方程或不等式进行适当的变形后，利用函数图像解决这些问题吗？

问题解决

(1)由于已知的是 $y=ax^2+bx+c$ 的图像，所以对所给的方程变形时，应尽量构造这个函数，在等号左边保留 ax^2+bx+c，将其余的项移到等号右边，因此得到方程的变形 $ax^2+bx+c=\frac{1}{2}x$，方程的解就是函数 $y=ax^2+bx+c$ 与函数 $y=\frac{1}{2}x$ 的图像交点的横坐标。这是因为当 x 取两个图像交点的横坐标时，它们的函数值相等，从而方程 $ax^2+bx+c=\frac{1}{2}x$ 左右两边的值相等。由图3-9-2可见，它们有两个交点，可以得出所给方程有两个解。

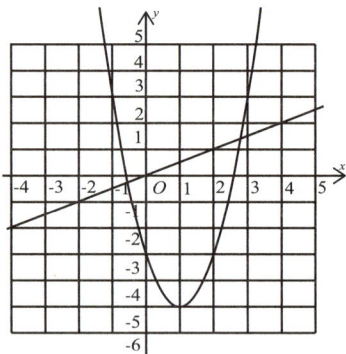

图 3-9-2

(2)与方程类似，需要对一元二次不等式 $ax^2+(b+2)x<0$ 进行变形，左边保留 ax^2+bx+c，但是把2x移至不等号右边后，坐标还差 c，还需对左右两边同时加 c，由图得到 $c=-3$。因此得到不等式的变形 $ax^2+bx+c<-2x-3$。只需在图中再绘制出 $y=-2x-3$ 的图像，如图3-9-3所示。当 x

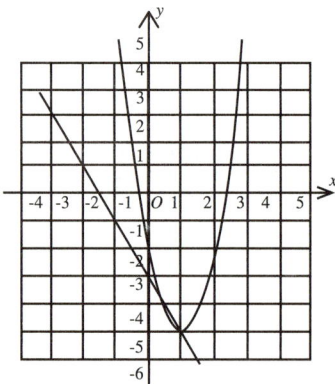

图 3-9-3

取两个图像交点的横坐标0与1时，它们的函数值相等；当$0 < x < 1$时，由图像可知，二次函数的函数值小于一次函数的函数值，满足不等式，因此为不等式的解。

🔄 （归 纳）

在已知函数图像的前提下，可以利用方程变形将方程的解转化为函数图像的交点问题，在变形过程中，要将所给函数保留在等号一侧作为其中一个函数，其余项放到另一侧作为另一个函数，利用图像找出两个函数交点，其横坐标就是方程的解。对于不等式，找到两个函数的交点后，只需从不等式中两个函数的函数值大小来确定对应的x是在交点的哪一侧，从而确定x的范围。

💬 例题解析

例3-9-1 利用二次函数图像解决下列问题：

(1)求$x^2 - 4x + 2 = 0$的近似解；

(2)求$x^2 - 4x + 2 > 0$的解的近似范围。

☁ 想一想

(1)利用函数的图像求方程或不等式的解，首先要做的是什么？

(2)构造怎样的函数能方便画图？

解：

方法一：(1)用函数图像求方程或不等式的近似解，首先要构造函数，并在坐标系中画出函数图像，设$y = x^2 - 4x + 2$，在坐标系中绘制$y = x^2 - 4x + 2$的二次函数图像，如图3-9-4所示。观察估计它们与x轴交点的横坐标分别为0.6与3.4，即为原方程的近似解。

(2)观察图3-9-4，$y = x^2 - 4x + 2$在x轴上方的部分图像所对应的横坐标即为$x^2 - 4x + 2 > 0$的解，即不等式的解的近似范围为$x < 0.6$或$x > 3.4$。

方法二：(1)将方程变形为 $x^2 = 4x - 2$，设 $y_1 = x^2$，$y_2 = 4x - 2$，在同一坐标系中绘制出它们的图像，如图 3-9-5 所示。观察估计它们交点的横坐标分别为 0.6 与 3.4，即为原方程的近似解。

(2)将不等式变形为 $x^2 > 4x - 2$，观察图 3-9-5，$y_1 > y_2$ 对应的图像在左侧交点的左边和右侧交点的右边，即不等式的解的近似范围为 $x < 0.6$ 或 $x > 3.4$。

方法三：(1)由于 $x \neq 0$，将方程变形为 $x - 4 = -\dfrac{2}{x}$，设 $y_1 = x - 4$，$y_2 = -\dfrac{2}{x}$，在同一坐标系中绘制出它们的图像，如图 3-9-6 所示。观察估计它们交点的横坐标分别为 0.6 与 3.4，即为原方程的近似解。

(2)将不等式变形为 $x - 4 > -\dfrac{2}{x}$，观察图 3-9-6，$y_1 > y_2$ 对应的图像在左侧交点的左边，右侧交点的右边，即不等式的解的近似范围为 $x < 0.6$ 或 $x > 3.4$。

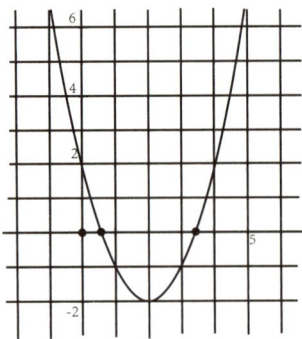
图 3-9-4

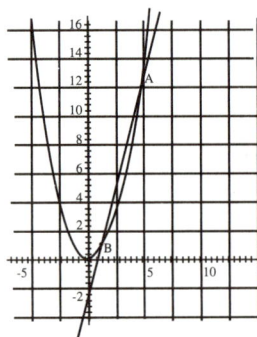
图 3-9-5

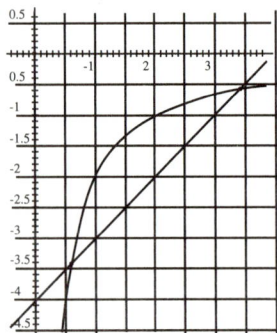
图 3-9-6

方法提炼

对于同一个方程，可以经过不同的变形，然后绘制两个函数图像，两个函数图像交点的横坐标即为所求的方程的近似解。对于同一个不等式，可以经过不同的变形，然后绘制两个函数图像，根据图像位置判断不等式的解在交点横坐标的左侧或右侧或两侧之间。

例 3-9-2 利用函数图像探究 $x^3 + 2x - 1 = 0$ 的解的个数。

想一想

将所给方程通过怎样的变形，方便构造函数？然后利用函数图像探究方程的解。

解：

方法一：将方程变形为 $x^3 = -2x + 1$，利用几何画板绘制出 $y = x^3$ 的图像与 $y = -2x + 1$ 的图像，如图 3-9-7 所示。图像交点的个数就是方程解的个数。根据图像，交点个数为一个，因此只有一个解。

方法二：由于 $x \neq 0$，对方程两边同除以 x，再移项，方程变形为 $x^2 + 2 = \dfrac{1}{x}$，绘制出 $y = x^2 + 2$ 的图像与 $y = \dfrac{1}{x}$ 的图像，如图 3-9-8 所示。图像交点的个数就是方程解的个数。根据图像，交点个数为一个，因此只有一个解。

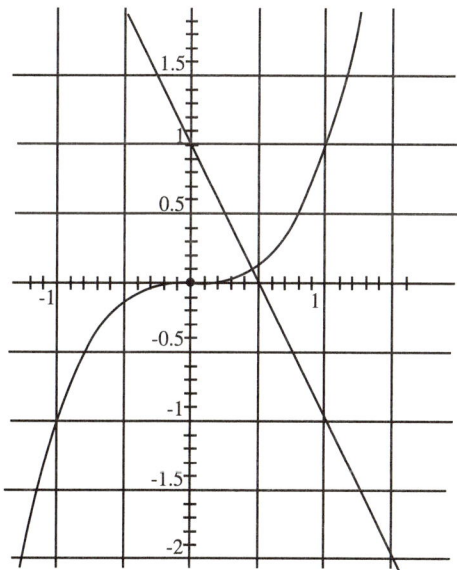

图 3-9-7

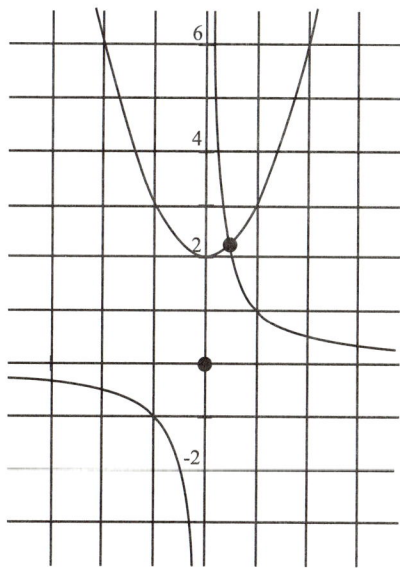

图 3-9-8

方法提炼

通过将方程做适当的变形，将等号两边看作两个函数，两个函数交点的个数即为方程解的个数。为了方便绘制图像，变形后等号两边的函数尽可能是所学过的或容易绘制的函数。

练习与思考

1.利用函数图像探究 $x^3 - 3x^2 - 3 = 0$ 的解的个数。

2.利用函数图像探究 $2x^5 + 3x^3 - x^2 = 0$ 的解的个数。

3.利用函数图像求 $x^2 - 2x - 6 < 0$ 的解的近似范围。

参考答案

生活应用篇

1.1 一元一次方程的应用:怎样购物花钱少?

1. (1) 42

   (2) $20 \times 2 + 10a + 0.8 \times 30 = 94$,$a = 3$

   (3) 因为 $151 > 94$,所以 C 用户用水超过 20 吨。设 C 用户用水 x 吨,则

   $20 \times 2 + 3(x - 20) + 0.8x = 151$,解得 $x = 45$

2. (1) 从表中可以看出,规定吨数不超过 10 吨,即用水量不超过 10 吨,每吨收费 2 元;用水量超过 10 吨的部分,每吨收费 3 元。

   (2) 乐乐家 6 月份的水费是 $10 \times 2 + (20 - 10) \times 3 = 50$ 元。

   (3) 设乐乐家 7 月份用水 x 吨,因为 $29 > 10 \times 2$,所以 $x > 10$。由题意得,

   $10 \times 2 + (x - 10) \times 3 = 29$,解得 $x = 13$。故乐乐家 7 月份用水 13 吨。

3. (1) $4500 - 3500 = 1000$ 元 < 1500 元,$1000 \times 3\% = 30$ 元,

   故应纳税所得额为 1000 元,应缴个人所得税 30 元。

   (2) 应纳个人所得税 $(0.1x - 455)$ 元。

   (3) $1500 \times 3\% = 45$ 元 < 95 元,故 $0.1x - 455 = 95$,$x = 5500$。

   所以她每月的工资为 5500 元。

   (4) 略

1.2 认识不定方程:这钱该怎么收?

1. $5x = 50 - 3y$,$x = 10 - \dfrac{3}{5}y$,x,y 均为正整数,设 $y = 5t$(t 为正整数),$x = 10 - 3t$。

   方程的通解为 $\begin{cases} x = 10 - 3t \\ y = 5t \end{cases}$,由 $\begin{cases} 10 - 3t > 0 \\ 5t > 0 \end{cases}$ 得 $0 < t < \dfrac{10}{3}$

   当 $t = 1$ 时,方程的解为 $\begin{cases} x = 7 \\ y = 5 \end{cases}$;当 $t = 2$ 时,方程的解为 $\begin{cases} x = 4 \\ y = 10 \end{cases}$;当 $t = 3$ 时,方程的解为 $\begin{cases} x = 1 \\ y = 15 \end{cases}$。

2. 设小王第一次看到的两位数的十位数为 x,个位数为 y,汽车的速度为 a km/h。

   由题意得:$\begin{cases} 10y + x - (10x + y) = a \\ 100x + y - (10y + x) = a \end{cases}$

解得：$y=6x$，因为x,y均为$0\sim9$之间的整数，所以$x=1,y=6,a=61-16=45$。

故小王的车速为45 km/h。

3. 设足球、篮球、排球分别为x,y,a个。由题意得：$\begin{cases}x+y+a=20\\60x+30y+10a=330\end{cases}$，化

简得：$5x+2y=13,x=\dfrac{13-2y}{5}=3-\dfrac{2(1+y)}{5}$，$x,y$均为正整数，设$1+y=$

$5t(t$为正整数$)$，即$y=5t-1$，则$x=3-2t,a=18-3t$。

方程组的通解为$\begin{cases}x=3-2t\\y=5t-1\\a=18-3t\end{cases}$，由$x>0$，$y>0$，$a>0$得$\dfrac{1}{5}<t<\dfrac{3}{2}$，

当$t=1$时，方程组的解为$\begin{cases}x=1\\y=4\\a=15\end{cases}$。

故篮球有4个。

1.3 分式大小比较：怎样漂洗衣服更干净？

1. $v=\dfrac{2ab}{a+b}$

2. 设平均价格为a，$a_{甲}=\dfrac{100m+100n}{200}=\dfrac{m+n}{2}$，$a_{乙}=\dfrac{200}{\dfrac{100}{m}+\dfrac{100}{n}}=\dfrac{2mn}{m+n}$，

$a_{甲}-a_{乙}\geqslant0$，所以乙进货的方式更合理。

3. 设窗户面积为a，卧室面积为b，则$\dfrac{a}{b}=15\%$，增加的面积为t，则增加面积后

比值为$\dfrac{a+t}{b+t}$，$\dfrac{a+t}{b+t}-\dfrac{a}{b}=\dfrac{(b-a)t}{(b+t)b}>0$，所以采光变好了。

1.4 一次函数图像的应用：手绢该丢在谁背后？

1. 小敏：4 km/h；小聪3 km/h。

2. (1)自行车出发较早，早2 h，摩托车先到达；(2)(3)(4)略

3. (1)2,10；(2)①$y=10x$；②$y=5x+20$；(3)4

1.5 抛物线的应用：篮球能入筐吗？

1. (1)-5；(2)6或-2。

2. 10 m。

3. (1)图略。以地面为 x 轴，投球点所在的直线为 y 轴，建立直角坐标系。根据题意得到顶点坐标为 $(2.5，3.5)$，抛物线过点 $(4，3.05)$，所以设抛物线解析式为 $y=a(x-2.5)^2+3.5$，将点 $(4，3.05)$ 代入解析式，解得 $a=-0.2$，则抛物线解析式为 $y=-0.2(x-2.5)^2+3.5$；(2)0.15 m。

1.6 如何合理利用余料：怎么裁剪布料面积最大？

1. 设 $PQ=x$ cm，则 $PN=2x$ cm

$\because PN\parallel BC$，$\therefore \triangle APN \backsim \triangle ABC$，

$\therefore \dfrac{AE}{AD}=\dfrac{PN}{BC}$，$\therefore \dfrac{6-x}{6}=\dfrac{2x}{8}$

$\therefore x=\dfrac{12}{5}$，即 $PQ=\dfrac{12}{5}$ cm，

$\therefore$ 矩形 $PQMN$ 的面积 $=\dfrac{24}{5}\times\dfrac{12}{5}=\dfrac{288}{25}$ cm²。

2. ①当正方形的一个顶点和三角形的直角顶点重合，其他三个顶点在分别在三角形的三条边上时，正方形的边长是 40 cm，面积是 1600 cm²。

②当正方形的两个顶点在斜边上，另两个顶点分别在两条直角边上时，解法同上题(略)，正方形的边长是 $\dfrac{80}{3}\sqrt{2}$ cm，面积是 $\dfrac{12800}{9}$ cm²。

所以，第一种裁法得到的正方形的面积最大，最大面积是 1600 cm²。

3. 设剪出的矩形为矩形 $DEFM$，DE 交 AQ 于 P。

设矩形的边 DE 长为 x cm，矩形的面积为 y cm²

由 $DE\parallel BC$ 知，$\triangle ADE\backsim\triangle ABC$，

故 $\dfrac{AP}{AQ}=\dfrac{DE}{BC}$，$\dfrac{AP}{60}=\dfrac{x}{100}$，

$AP=\dfrac{3}{5}x$，

$y=DE\times EF=x(60-\dfrac{3}{5}x)=-\dfrac{3}{5}x^2+60x$，

当 $x=-\dfrac{b}{2a}=-\dfrac{60}{2\times(-\dfrac{3}{5})}=50$ 时，矩形面积最大。

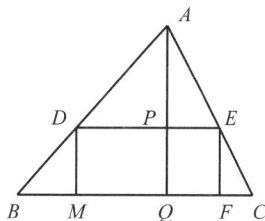

即要想裁剪出的矩形面积最大，矩形的长和宽分别为 50 cm 和 30 cm。

游戏实验篇

2.1 用扑克牌做游戏：如何巧算"24点"？

1. $5^2-(4-3)$；2^4+3+5；$2^5\div4\times3$；$4\times(3+5-2)$；$2\times(3+4+5)$；
4^2+3+5。

2. $3\times3\times3-3=24$；$3+3\times(3+4)=24$；$3\times3+3\times5=24$；
$3\times(3+3)+6=24$；$3\times(3\div3+7)=24$；$(3+3-3)\times8=24$。

2.2 神奇的幻方：幻方中的数字有什么规律？

1. 略

2.（1）

5	4	9
10	6	2
3	8	7

（2）

1	0	5
6	2	−2
−1	4	3

发现：(1)幻方中每一个数加、减同一个数字，所得方格仍是幻方。

(2)幻方中每一个数同时扩大或缩小相同的倍数，所得方格仍是幻方。

(3)幻方中每一个数先扩大相同的倍数，再同时增加另一个数所得方格仍是幻方。

2.3 古诗中的方程：寺内共有"几多僧"？

1. 设有 x 位客人，则有 $7x+4=9x-8$，解得，$x=6$。

故有客人6位，银子46两。

2. 设第一层有 x 盏灯，则 $x+2x+4x+8x+16x+32x+64x=381$，解得，$x=3$。

$3\times64=192$（盏）

故顶层有192盏灯。

3. 设甜果买了 x 个，则苦果买了 $(1000-x)$ 个。

$$11\times\frac{x}{9}+4\times\frac{1000-x}{7}=999$$

解得，$x=657$。

$1000-657=343$（个）

$657\div9\times11=803$（文）

$343\div7\times4=196$（文）

故甜果买了657个，花了803文；苦果买了343个，花了196文。

2.4　日历中的数字规律：这四个数之和可能是78吗？

1. 因为竖排相邻两数相差7，横排相差1，故再过8天是星期三，再过20天是星期一。

2. 设小华的爸爸出发那天的日期为x，则根据题意列出方程

$$x+(x+1)+(x+2)+(x+3)=38,$$

解得$x=8$。

8+3=11，故小华的爸爸是11号回家的。

3. (1)(2018−3)÷7=287，…，6，2018在第288行第6列。

(2)设最中间的数为x，则$9x=2018$，$x=224$，…，2，所以不可能是2018。

同理当$9x=2016$时，$x=224$，而(2016−3)÷7=287，…，4，故2016在第288行第4列。所以可能是2016。

2.5　平面直角坐标系中两点之间距离：奶酪离蚂蚁有多远？

1. $PQ=\sqrt{41}$

2. 由题可得$AB=2$，$BC=1$，$AC=\sqrt{3}$，三角形ABC为直角三角形。

3. (1)由题可得$AO=5$，$BO=5$，$AO=BO$。

(2)$S=10$。

(3)点O到AB的距离为$\sqrt{5}$。

2.6　抛硬币游戏：一正一反的概率有多大？

1. 需3位。

2. 把绿色扇形划分成三个圆心角都是90°的扇形，分别记为绿1、绿2、绿3，让转盘自由转动2次，且各种结果发生的可能性相同。所有可能的结果数为$n=16$，两次指针都落在绿色区域的可能结果总数为$m=9$，所以$P=\dfrac{9}{16}$。

3. 设第一道门的钥匙是A_1、A_2，第二道门的钥匙是B_1、B_2。由题意可设其中一个抽屉里放A_1、B_1，另一个抽屉放A_2、B_2，从每一个抽屉里任取一个钥匙。可列表表示所有的可能的结果数，故能打开两道门的概率为$\dfrac{1}{2}$。

	A_2	B_2
A_1	A_1、A_2	A_1、B_2
B_1	B_1、A_2	B_1、B_2

数学思想方法探索篇

3.1 数学建模：如何分配更合理？

1. 设安排 x 人挖土，$(48-x)$ 人运土，则一天可挖土 $5x$ 方、运土 $3(48-x)$ 方，根据题意得 $5x=3(48-x)$，解得 $x=18$，$48-x=30$。

所以每天安排18人挖土、30人运土正好能使挖的土及时运走。

2. 设安排 x 名工人加工大齿轮，则 $(85-x)$ 名工人加工小齿轮，加工大齿轮的个数为 $16x$，小齿轮的个数为 $10(85-x)$，因为2个大齿轮与3个小齿轮配成一套，所以"使每天加工的大小齿轮刚好配套"时，大齿轮的个数乘以3与小齿轮的个数乘以2相等，于是得到 $3\times16x=2\times10(85-x)$，解得 $x=25$，$85-x=85-25=60$。

所以需要安排25名工人加工大齿轮，60名工人加工小齿轮。

3. 由题意可知，$1\,\mathrm{m}$ 布可以裁上衣 $\frac{3}{2}$ 件或裤子2条，设裁上衣用 $x\,\mathrm{m}$ 的布料，则裁裤子用 $(210-x)\,\mathrm{m}$ 的布料，则上衣的数量为 $\frac{3x}{2}$，裤子的数量为 $2(210-x)$，我们知道1件上衣与1条裤子配套，所以上衣的数量＝裤子的数量，所以，$\frac{3}{2}x=2(210-x)$，解得 $x=120$，则 $210-x=90$。所以裁上衣用布料 $120\,\mathrm{m}$，裁裤子用布料 $90\,\mathrm{m}$。

3.2 数形结合：你能用面积表示乘法公式吗？

1. (1) 由题可得，大正方形的面积 $=(a+b)^2=(a-b)^2+4ab$，

即 $(a+b)^2=(a-b)^2+4ab$。

(2) $(a+b)^2=(a-b)^2+4ab$，$a+b=5$，$ab=\frac{9}{4}$，

$(a-b)^2=(a+b)^2-4ab=5^2-4\times\frac{9}{4}=16$，

$a-b=4$ 或 -4。

(3) $(3a-2b)^2=5$，$(3a+2b)^2=9$，

$(3a+2b)^2-(3a-2b)^2=9-5=4$，

即 $12ab+12ab=4$，

$ab=\frac{1}{6}$。

(4) 由图可得，长方形的面积 $=(a+b)(3a+b)=3a^2+4ab+b^2$，

$(a+b)(3a+b)=3a^2+4ab+b^2$。

2. (1) 阴影部分的面积＝大正方形的面积－中间小正方形的面积，即 $(a+b)^2-(a-b)^2$；

阴影部分由4个长为 a、宽为 b 的小长方形构成，故阴影部分的面积为 $4ab$，

所以$(a+b)^2-(a-b)^2=4ab$。

故答案为$(a+b)^2-(a-b)^2$，$4ab$，$(a+b)^2-(a-b)^2=4ab$。

(2)8个小立方体的体积之和是：$a^3+a^2b+a^2b+ab^2+a^2b+ab^2+ab^2+b^3$，

$(a+b)^3=a^3+a^2b+a^2b+ab^2+a^2b+ab^2+ab^2+b^3$，

即$(a+b)^3=a^3+3a^2b+3ab^2+b^3$。

故答案为$(a+b)^3=a^3+3a^2b+3ab^2+b^3$。

3. (1)$(a+b)(a+b)=a^2+2ab+b^2$。

(2)因为$(2a+3b)(a+5b)=2a^2+13ab+15b^2$，故需要C类卡片15张。

(3)长方形的长是$2a+3b$，宽是$a+b$，$2a^2+5ab+3b^2=(2a+3b)(a+b)$。

3.3 因式分解法之再探索：如何分组分解？

1. (1)原式$=(ax-ay+a^2)+(bx-by+ab)=a(x-y+a)+b(x-y+a)$
　　$=(a+b)(x-y+a)$

(2)原式$=a^4-(4a^2-4ax+x^2)=a^4-(2a-x)^2=(a^2-2a+x)(a^2+2a-x)$

2. (1)原式$=(a^2-2ab+b^2)-6(a-b)=(a-b)^2-6(a-b)=(a-b)(a-b-6)$

(2)原式$=(a^3+3a^2b+3ab^2+b^3)-(a^2+2ab+b^2)=(a+b)^3-(a+b)^2$
　　$=(a+b)^2(a+b-1)$

3. 不可以直接用分组分解法进行分解。可以用拆项法进行分解，解题过程如下：

原式$=(x^3+2x^2)+(x^2-4)=x^2(x+2)+(x+2)(x-2)$
　　$=(x+2)(x^2+x-2)=(x+2)^2(x-1)$

3.4 轴对称的应用：水泵站应建在哪里？

1. 作A关于直线l的对称点C，连接BC交直线l于点P，则P为所求点，即要在街道旁修建一个奶站，向居民区A和B提供牛奶，奶站应建在P处，才能使从A、B到它的距离之和最短。

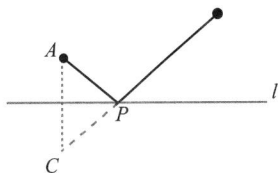

2. 如图所示，以BC为对称轴作P的对称点M，以BA为对称轴作出点P的对称点N，连接MN交BA、BC于点P_1、P_2，则点P_1、P_2为所求点，能使$\triangle PP_1P_2$周长最小。

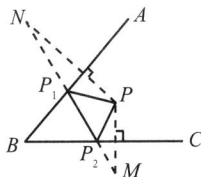

3. 如图所示，作 A 关于 BC 和 CD 的对称点 A_1、A_2，连接 A_1A_2，交 BC 于 M，交 CD 于 N，则线段 A_1A_2 的长为 $\triangle AMN$ 的周长的最小值。

由 $\angle BAD=120°$ 知，$\angle A_1+\angle A_2=60°$
又 $\angle BAM=\angle A_1$，$\angle DAN=\angle A_2$，
所以 $\angle BAM+\angle DAN=60°$
$\angle AMN+\angle ANM=60°$

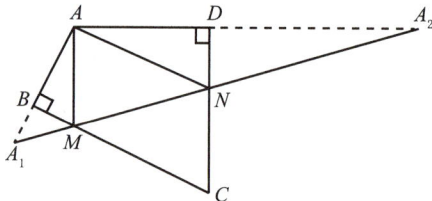

3.5 用不等式解决问题：谁将最后一个出线？

1. 设最后三次投飞镖的环数分别为 x，y，z 环，由题意得：$54+8+x+y+z>91$，即 $x+y+z>29$。因为 x，y，z 为 1 至 10 中的正整数，所以 $x=y=z=10$。

因此，最后三次射击都要命中 10 环才能破纪录。

2. 设这个队胜 x 场、平 y 场。由题意得 $\begin{cases} x+y\leqslant 16 \\ 3x+y=24 \end{cases}$，将 $y=24-3x$ 代入 $x+y\leqslant 16$ 得 $x\geqslant 4$。

因此，这个队至少胜 4 场。

3. 设二班与三班的分差为 x，因此三个班的总得失分率为

一班：$\dfrac{8+4}{3+6}=\dfrac{4}{3}$；二班：$\dfrac{1+x+3}{1+8}=\dfrac{4+x}{9}$；三班：$\dfrac{6+1}{4+1+x}=\dfrac{7}{5+x}$。

要使一班出线，则 $\begin{cases} \dfrac{4+x}{9}<\dfrac{4}{3} \\ \dfrac{7}{5+x}<\dfrac{4}{3} \end{cases}$，解得 $\dfrac{1}{4}<x<8$。

因此，当分差在 $1\leqslant x\leqslant 7$（x 是整数）时，一班出线。

3.6 "玩"转正方形：这两个三角形全等吗？

1. 四边形 $ABCD$ 和 $DEFG$ 是正方形，
故 $AD=DC$，$\angle ADC=\angle EDG=90°$，$DE=DG$，
$\angle ADC+\angle CDE=\angle CDE+\angle EDG$，
$\angle ADE=\angle CDG$，
在 $\triangle ADE$ 与 $\triangle CDG$ 中，
$\begin{cases} AD=DC \\ \angle ADE=\angle CDG \\ DE=DG \end{cases}$

故 $\triangle ADE \cong \triangle CDG$（SAS），

$AE = CG$（全等三角形对应边相等），

又 $AE = AC + CE$，

所以 $CG = AC + CE$。

2. 四边形 $ABCD$ 和 $OGFE$ 是正方形，

故 $\angle NDO = \angle OCM = 45°$，

$OD = OC$（正方形对角线相等且互相垂直平分），

$\angle GOE = \angle DOC = 90°$，

又 $\angle GOE = \angle NOD + \angle DOM$，$\angle DOC = \angle COM + \angle DOM$，

所以 $\angle NOD = \angle COM$，

在 $\triangle OND$ 与 $\triangle OMC$ 中，

$$\begin{cases} \angle NDO = \angle OCM \\ OD = OC \\ \angle NOD = \angle COM \end{cases}$$

故 $\triangle OND \cong \triangle OMC$（ASA），

$S_{NDMO} = S_{\triangle ODM} + S_{\triangle MCO} = S_{\triangle DOC} = \dfrac{1}{4} S_{ABCD}$。

3.7　圆的妙用：如何巧构辅助圆？

1. 方法一：因为正五边形的每条边都相等，每个内角都等于108°，所以 $\triangle AED$ 是顶角为108°的等腰三角形，可得 $\angle ADE = 36°$，同理可得 $\angle BDC = 36°$，所以 $\angle ADB = 36°$。

   方法二：作正五边形 $ABCDE$ 的外接圆，易得 $\angle ADB =$ 弧 AB 对应的圆心角的度数的一半 $= 36°$。

2. $\angle BDC = 90° + \alpha$ 或 $90° - \alpha$

3. 1

3.8　探索共边三角形：如何求共边三角形的面积？

1. 由共边定理得，$\dfrac{CP}{PM} = \dfrac{S_{\triangle CBN}}{S_{\triangle MBN}}$，

   因为 N 是 AC 中点，

   所以 $S_{\triangle CBN} = \dfrac{1}{2} S_{\triangle ABC}$，$S_{\triangle ABN} = \dfrac{1}{2} S_{\triangle ABC}$。

141

因为 M 是 AB 的中点，

所以 $S_{\triangle MBN} = \dfrac{1}{2} S_{\triangle ABN} = \dfrac{1}{4} S_{\triangle ABC}$，

故 $\dfrac{CP}{PM} = \dfrac{S_{\triangle CBN}}{S_{\triangle MBN}} = 2$。

2. 利用共边定理得，

$$\dfrac{AF}{FC} = \dfrac{S_{\triangle ABF}}{S_{\triangle CBF}} = \dfrac{S_{\triangle ABF}}{S_{\triangle DBF}} \times \dfrac{S_{\triangle ABF}}{S_{\triangle CBF}} = \dfrac{AE}{ED} \times \dfrac{BD}{BC} = \dfrac{2}{3},$$

$$S_{\triangle BDE} = \dfrac{1}{2} S_{\triangle ABD} = \dfrac{1}{2} \cdot \dfrac{2}{3} S_{\triangle ABC} = \dfrac{1}{3} S_{\triangle ABC},$$

$$故\ S_{CDEF} = S_{\triangle CBF} - S_{\triangle BDE} = \dfrac{3}{5} S_{\triangle ABC} - \dfrac{1}{3} S_{\triangle ABC} = \dfrac{4}{15} S_{\triangle ABC},$$

$$S_{\triangle AEF} + S_{\triangle BDE} = S_{\triangle BDE} + S_{\triangle ADC} - S_{CDEF} = \dfrac{1}{3} S_{\triangle ABC} + \dfrac{1}{3} S_{\triangle ABC} - \dfrac{4}{15} S_{\triangle ABC} = 10。$$

3.9　用图像解决代数问题：这个方程有解吗？

1. 一个

2. 两个

3. $-1.5 < x < 3.5$

图书在版编目(CIP)数据

玩转数学 / 许文广主编. -- 杭州 : 浙江大学出版社,
2021.6
ISBN 978-7-308-21427-8

Ⅰ. ①玩… Ⅱ. ①许… Ⅲ. ①中学数学课－初中－升
学参考资料 Ⅳ. ①G634.603

中国版本图书馆CIP数据核字(2021)第100560号

玩转数学

许文广　主　编
王春峰　副主编

策划编辑	吴伟伟	
责任编辑	马一萍	
责任校对	陈逸行	
封面设计	周　灵	
出版发行	浙江大学出版社	
	（杭州市天目山路148号　邮政编码 310007）	
	（网址:http://www.zjupress.com）	
排　　版	杭州林智广告有限公司	
印　　刷	杭州高腾印务有限公司	
开　　本	787mm×1092mm　1/16	
印　　张	9.25	
字　　数	165千	
版 印 次	2021年6月第1版 2021年6月第1次印刷	
书　　号	ISBN 978-7-308-21427-8	
定　　价	38.00元